吉金著述叢刊

恒軒所見所藏吉金録

〔清〕吴大澂 著

中國書店

圖書在版編目(CIP)數據

恒軒所見所藏吉金録 / (清) 吴大澂著. -- 北京：中國書店，2025.1

（吉金著述叢刊）

ISBN 978-7-5149-3585-1

Ⅰ. ①恒… Ⅱ. ①吴… Ⅲ. ①金屬器物—中國—古代—圖録 Ⅳ. ①K876.42

中國國家版本館CIP數據核字(2024)第056517號

恒軒所見所藏吉金録

〔清〕吴大澂著

責任編輯：趙文傑

出版發行：中國書店

地址：北京市西城區琉璃廠東街115號

郵編：10050

印刷：北京建宏印刷有限公司

開本：880㎜×1230㎜ 1/32

版次：2025年1月第1版第1次印刷

字數：67千字

印張：8.75

書號：ISBN 978-7-5149-3585-1

定價：95元

出版説明

吴大澂（一八三五—一九〇二），原名大淳，後避清穆宗同治帝『載淳』之諱，改名大澂，字止敬、清卿，號恒軒、白雲病叟，别號白雲山樵、二田居士，室名愙齋、十二金符齋、十六金符齋、百二長生館、雙罍軒、漢石經室等，江蘇吴縣（今江蘇蘇州）人。

吴大澂少時曾借讀外祖父韓崇家，韓崇（一七八三—一八六〇），字元芝、符之，號履卿，别號南陽學子，是當時名噪一時的大收藏家。吴氏深受其影響，在『韓氏寶鐵齋好集金石拓片』。其頗嗜古物，好收藏，著述頗豐，於金石學方面就有《恒軒所見所藏吉金録》《愙齋集古録》《愙齋集古録釋文賸稿》《説文古籀補》《字説》《十六金符齋印存》《權衡度量實驗考》《周秦兩漢名人印考》《千璽齋古璽選》等論著。吴氏一生輾轉多地任職，每至一處皆有金石活動。吴氏在陝西時廣泛搜羅古器，在吉林時撰寫《字説》《愙齋集古録釋文賸稿》，在湖南時修訂《説文古籀補》，在廣東時繪製《愙齋集古圖》等。

《恒軒所見所藏吉金録》（下文稱《恒軒》）共兩册，於光緒十一年（一八八五）付刻。該書收録器物一百三十六件，來源不一。其中吴大澂自藏器七十一件，潘祖蔭藏器四十三件，其餘又有三原劉氏、蒲城楊氏等八家所藏器物二十二件。

全書無總目，體例略仿劉喜海《長安獲古編》，對收録器物基本按照類别排列，僅摹銘文，不作斷代，不記尺寸，不作考釋（有釋文者僅盂鼎一件）。該書書口題爲『恒軒所藏吉金録』，與書名『恒軒所見所藏吉金録』并不一致。

該書的編纂經歷了漫長的過程，吴大澂在《恒軒》自序中談及此書的編纂與刊刻情况：

此同治壬申癸酉間所刻也，十餘年來風塵鞅掌，此事遂廢。時有所獲，不復能圖，欲考而釋之，亦不果。福山王廉生編修懿榮屢索印本，因未成書，久無以應。版存於家，慮爲蟲齧，姑編次之，以貽同好。

結合吴大澂生平可知，同治壬申、癸酉（一八七二、一八七三）至光緒十一年（一八八五）之間，吴大澂任職多地，對該書的刊刻無法投入足够的精力。此外，吴大澂在光緒元年（一八七五）致王懿榮的書札中還曾經談及：

敝處刻工，今年爲簠齋文刻瓦當五十餘葉，不及兼刻彝器。兄所集《吉金圖款》，兩年之久，僅刻七十餘種，明年擬廣集款識刻之。

可見，刻工任務繁重對該書的面世也産生一定的影響。

吴大澂對青銅器的摹繪水準很高，陳介祺致鮑康的書札中就曾評價『清卿兄摹圖至精』。因此吴大澂也常爲其師潘祖蔭承擔繪圖之事，收録潘祖蔭藏器的《攀古彝器圖釋》一書中的器物圖像，便皆由吴氏摹繪。也正因如此，《恒軒》所録圖像存在與《攀古彝器圖釋》相同的部分。此外，《攀古彝器圖釋》所録器物并非潘氏的全部藏品，而《恒軒》所録盂鼎、蘇衛改鼎、興鼎、白矩敦、貝十朋子父乙觶等皆爲《攀古彝器圖釋》所無，由此可見《恒軒》的重要價值。

此次中國書店影印，所據底本爲光緒十一年（一八八五）吴氏自刻本。原書板框高二百四十二毫米，寬一百四十六毫米。

中國書店出版社

二〇二四年十一月

恒軒所見所藏吉金錄

余弱冠喜習繪事不能工洎官翰林好古吉金文字有所見輒手摹之或圖其形存于篋積久得百數十器遂付剞劂氏擬分二集以所見所藏標其目畧仿長安獲古編例而不為一家言其不注其氏器者皆潘伯寅師所藏此同治壬申癸酉閒所刻也十餘年来風塵鞅掌此事遂癈時有所獲不復能圖欲攷而釋之亦不果福山王廉生編修懿榮屢索印本因未成書久無以應版存于家慮為蟲齧姑編次之以貽同好光緒十一年乙酉冬十月吳縣吳大澂識

恒軒所藏吉金録

邵鐘

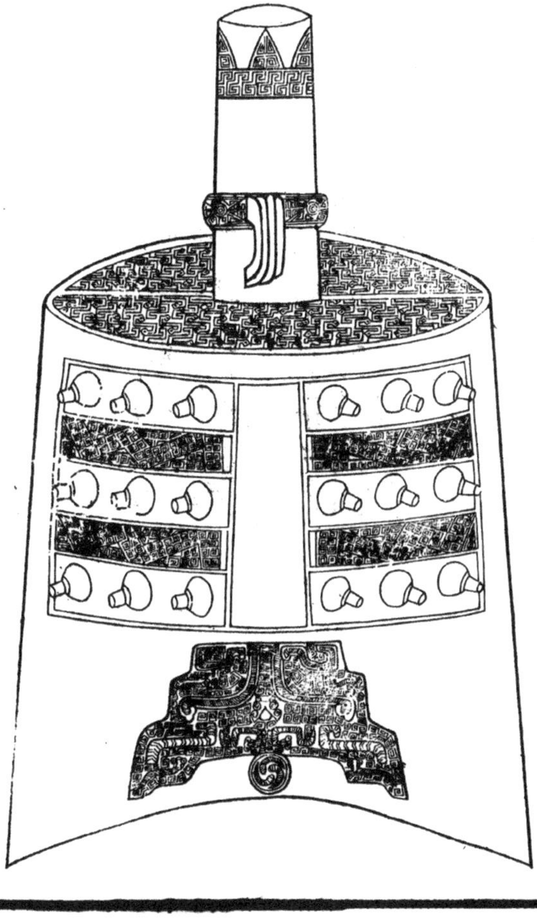

恒軒所藏吉金録

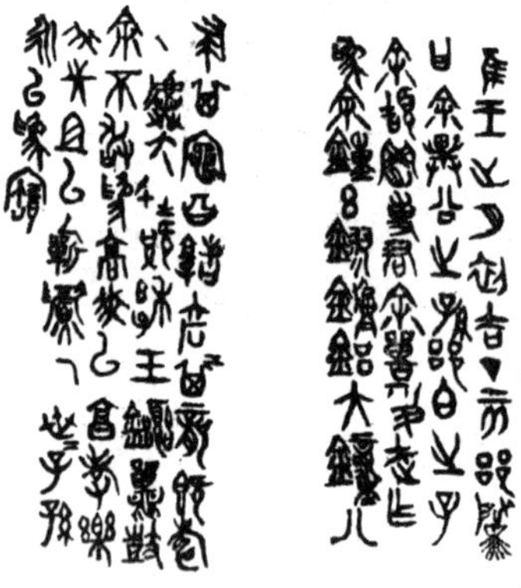

邵鐘

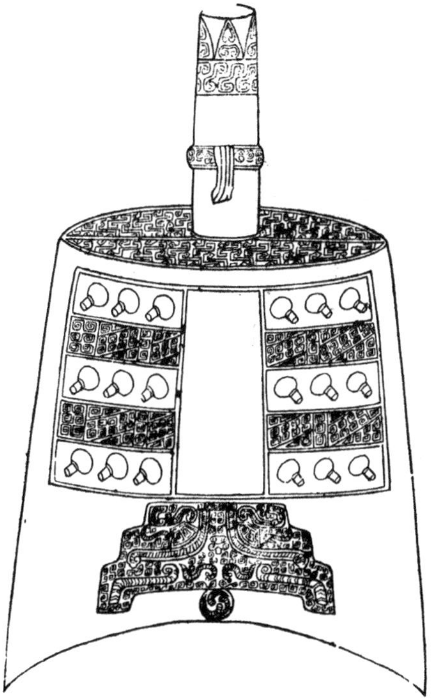

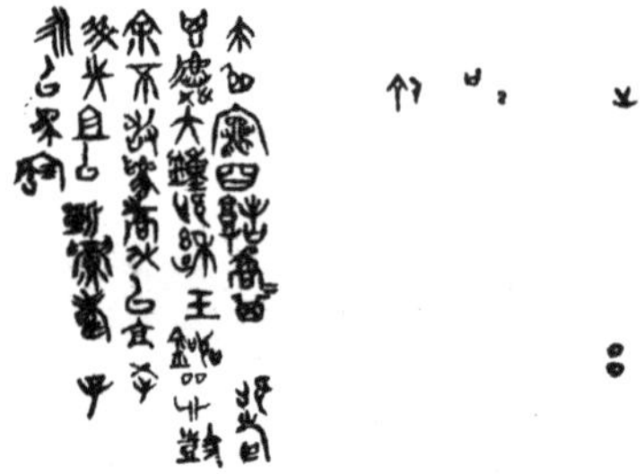

微子鼎

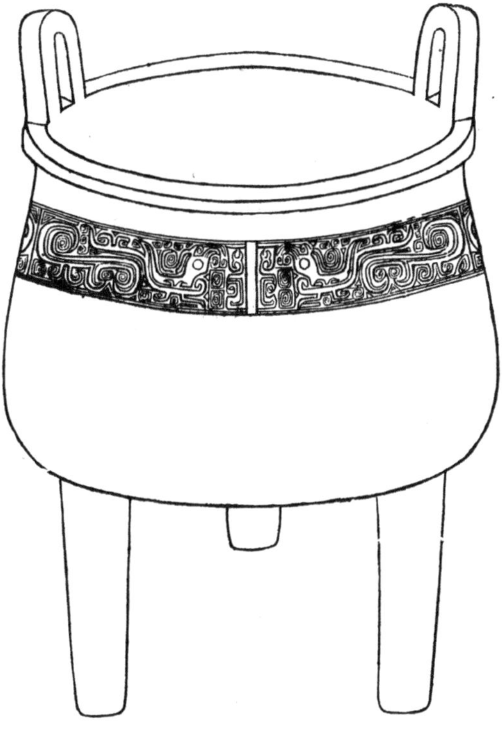

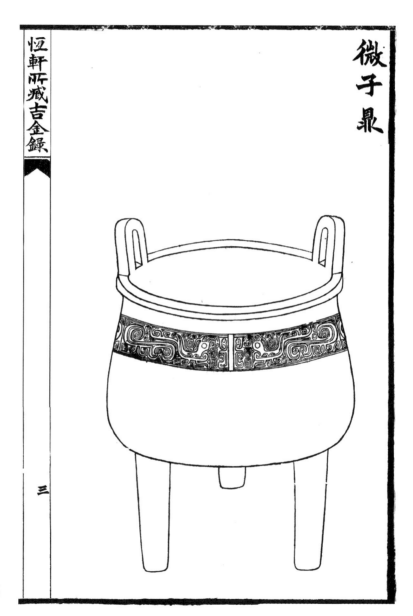

恒軒所藏吉金録

三

乙亥鼎

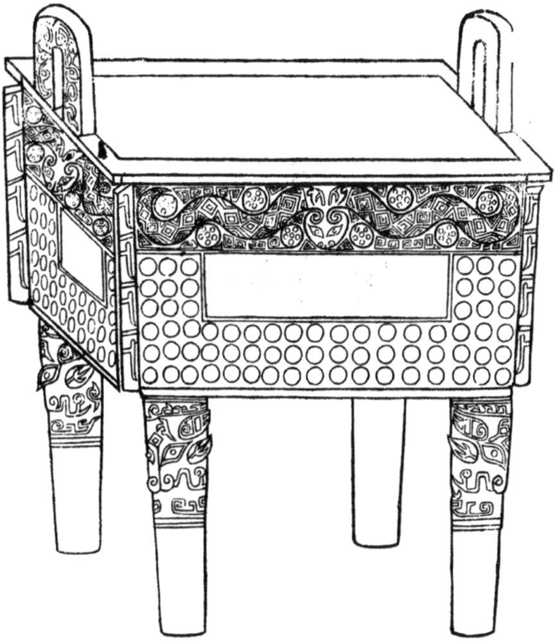

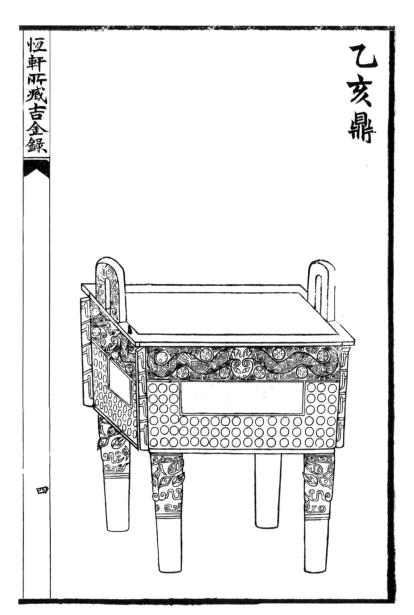

乙酉王姊于真人十
王兄西用此琴縛
及合西昌貝此久
嗣庚王己共才又

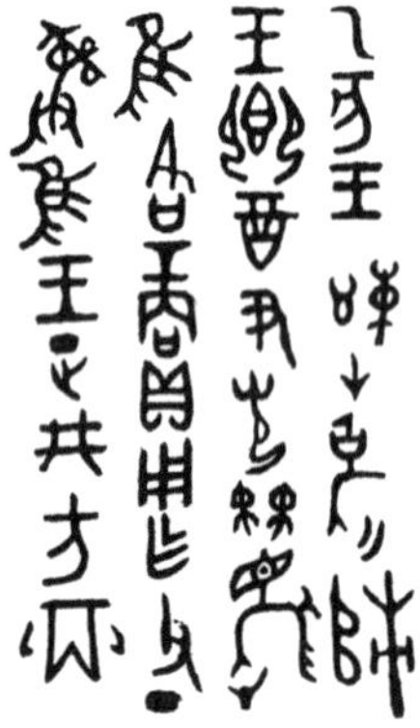

亞形父庚且辛鼎

三原劉氏藏器

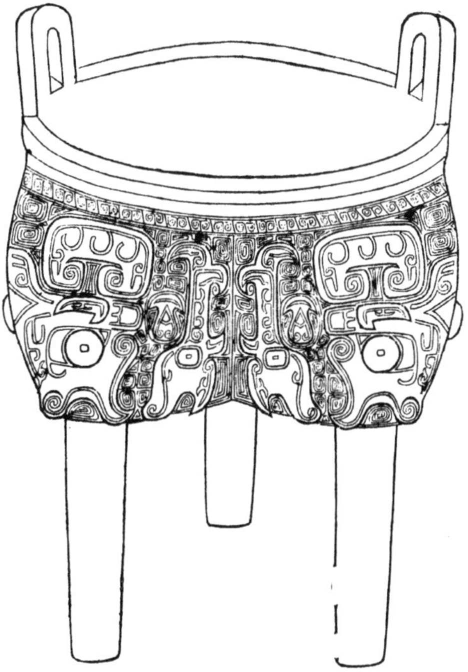

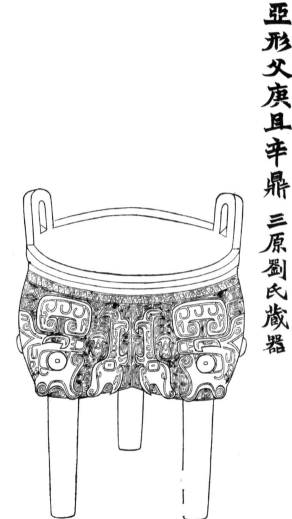

恒軒所藏吉金録

立旗形婦鼎

恒軒所藏吉金録

[?]父丙鼎

蒲城楊氏藏器

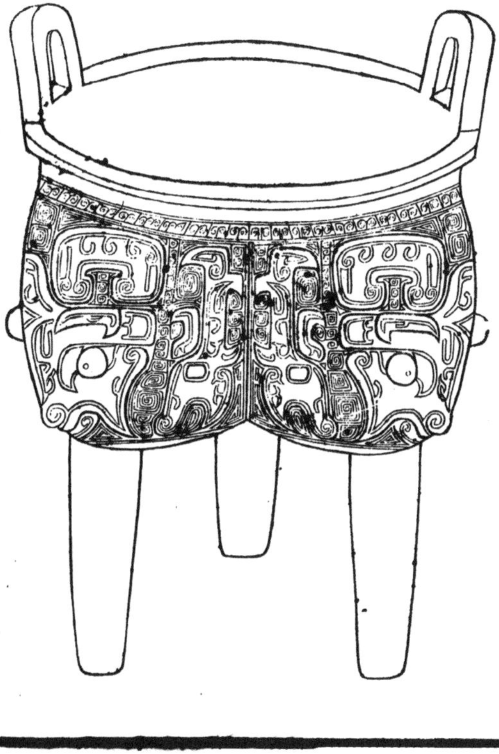

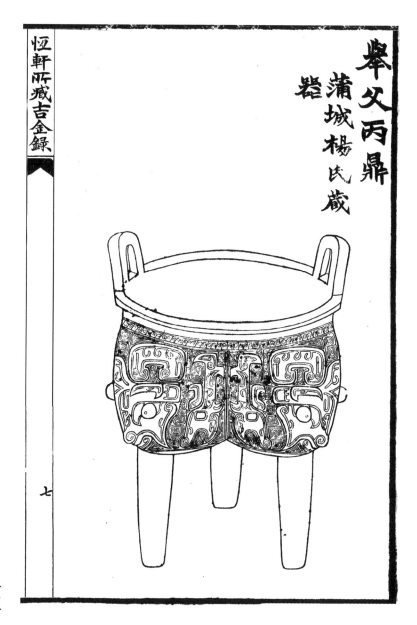

父丁象形鼎

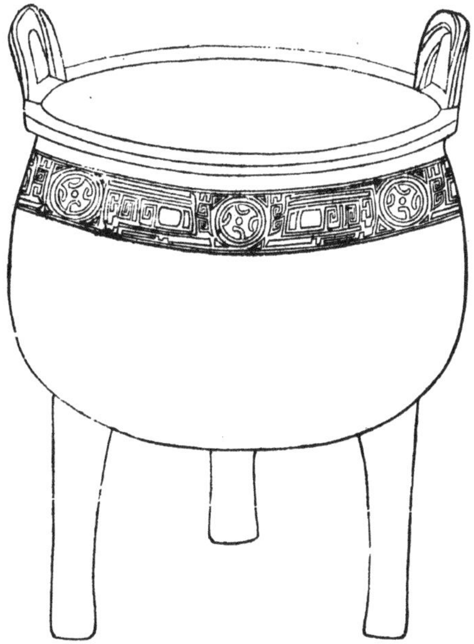

盂鼎

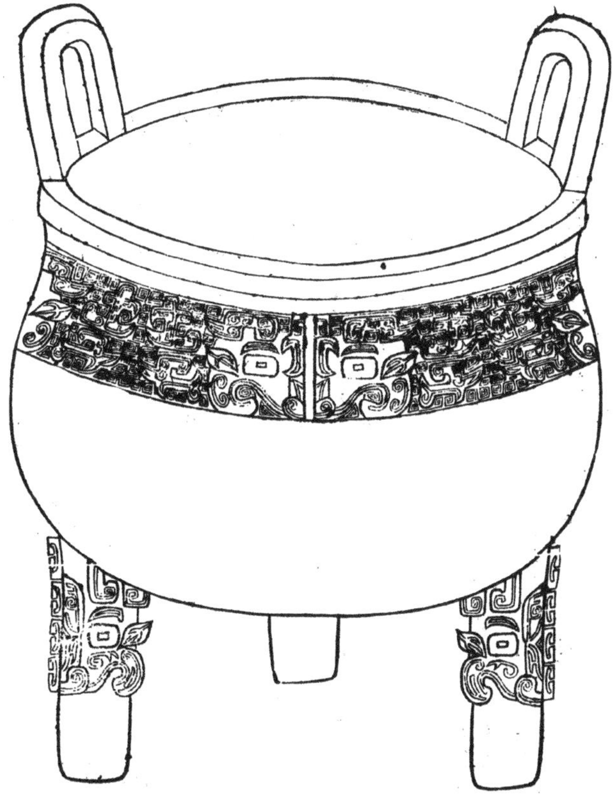

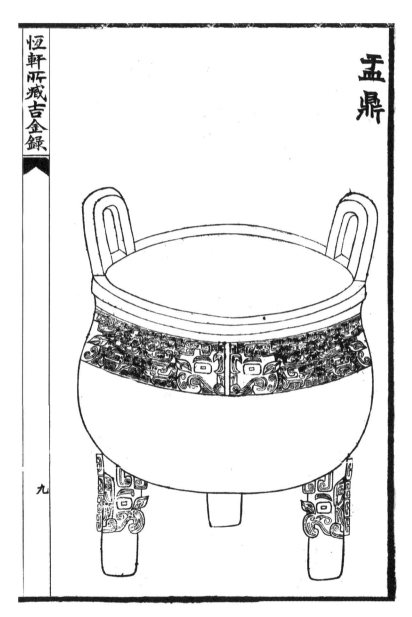

恒軒所藏吉金録

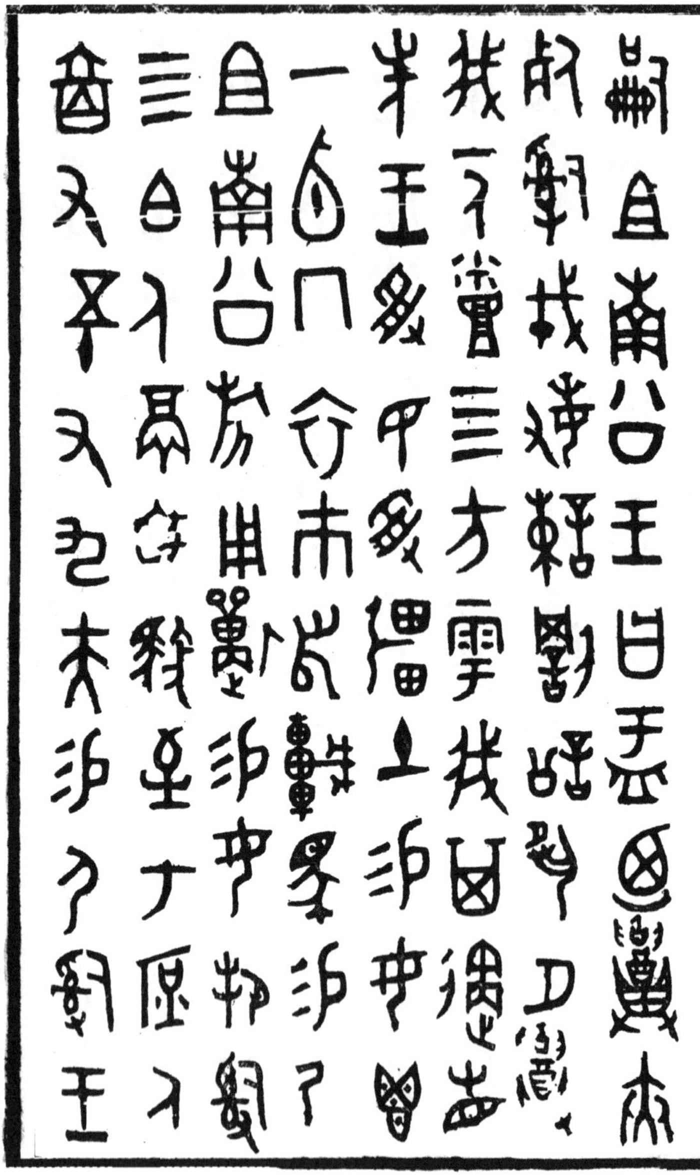

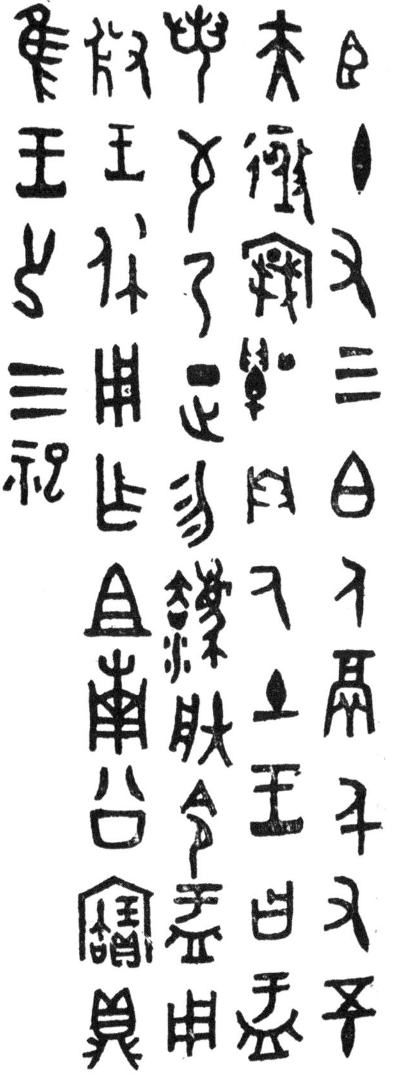

惟九月王在宗周命盂王若曰盂不丕顯
玟文王受天有大命在珷武王嗣玟文作邦闢闢
乃匿慝匍有三四方畯畯正乃民在雩即事𫹉

酉酒無敢醰酖有柴烝祀無敢醵古故天異翼臨
子灋保先王八有三四方我𢦔殷述墜命惟
殷邊侯田甸粤身正百辟率肄于酉酒古故喪
巳師巳女妹昧辰又有大服余惟即朕小𡥈學女
勿克余乃辟一人今我惟即井型亩稟于玟文王
正德若玟文王命二三正今余惟命女盂
召紹艾敬舊德巠經敏朝夕入闌諫亯奔走畏
天畏王曰於命女盂井刑乃𤔲祖南公王
曰盂迺召紹夾𣦸屍𤔲戎敏諫勑罰訟夙夕召紹

我一人登開三四方粵我其遹相先王受民受
疆土錫女鬯一卣冂冕衣巿舃車馬錫乃
祖南公旂用獸錫女邦𤔲三四伯人鬲獻□
馭至于庶人六百又五十又九夫錫乃𤔲王
臣十又三伯人鬲獻千又五十夫𢓊𨑥𡨦㝅萬□
乃土王曰盂若敬乃正勿灋廢朕命盂用
對王休用作祖南公寶鼎惟王廿又三祀

恒軒所藏吉金録

十三

師奎父鼎

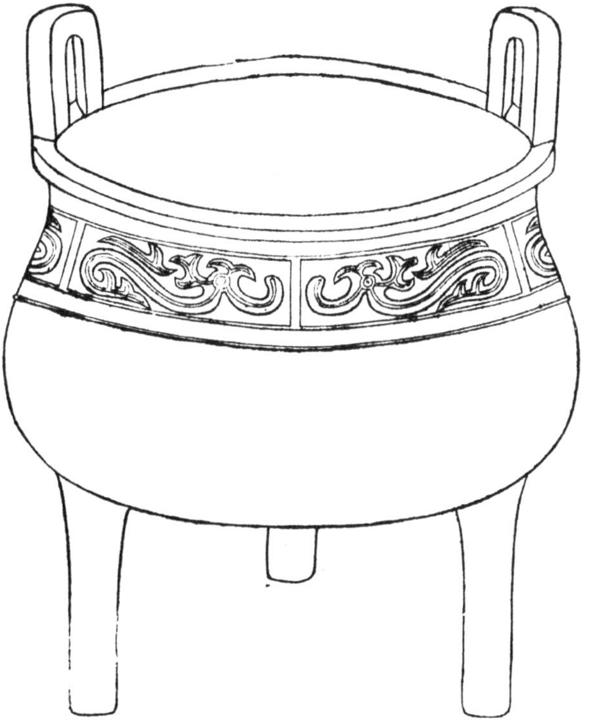

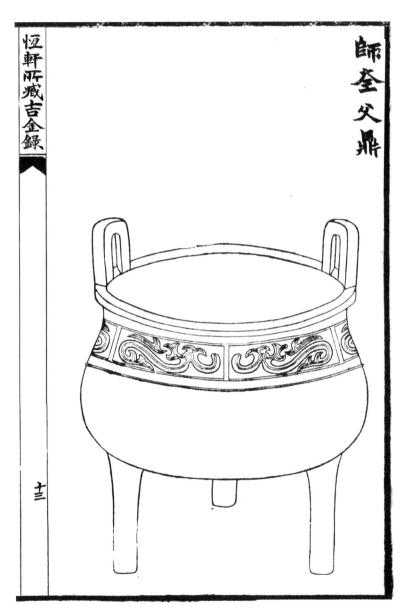

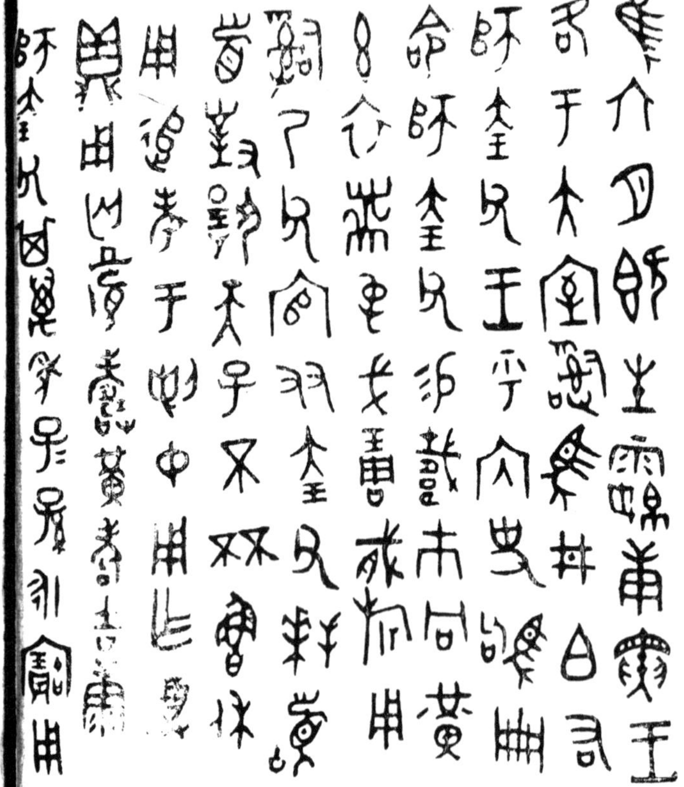

史頌鼎

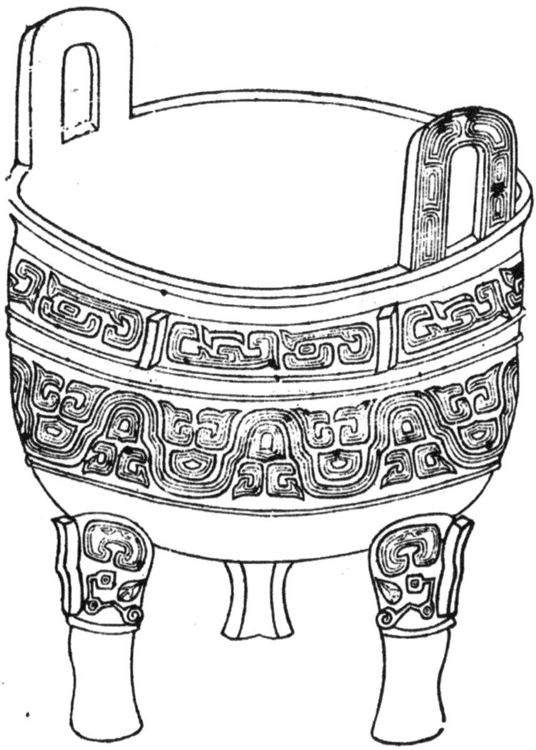

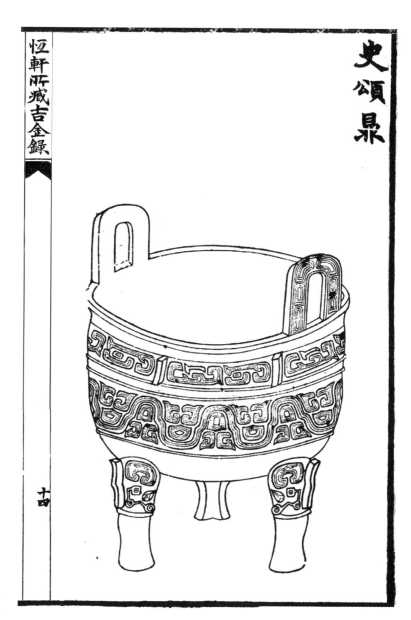

隹三年五月丁子王才宗
周令史頌省蘇灋友里君
百生帥堣盩于成周休又
成事蘇賓章馬三匹吉金用
乍䵼彝頌其萬年無疆日
遘天子覭令子子孫孫永寶用

𪺍廙鼎

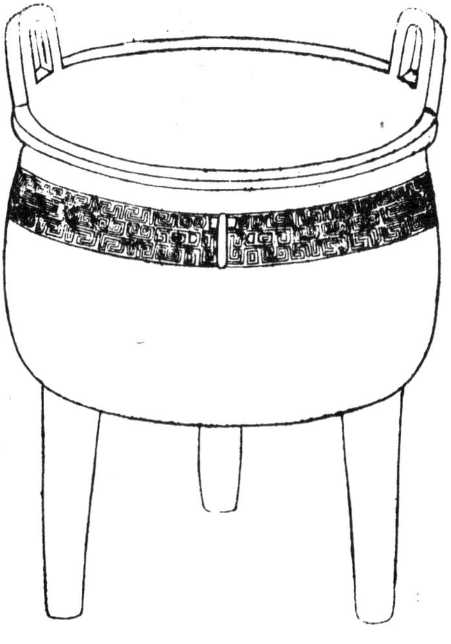

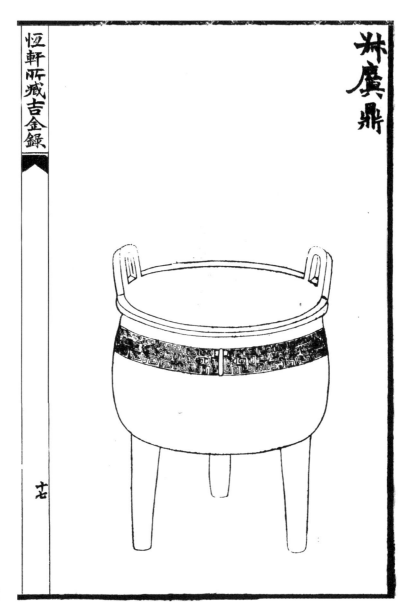

恒軒所藏吉金録

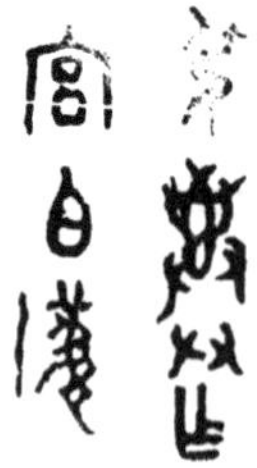

蘇衛妃鼎

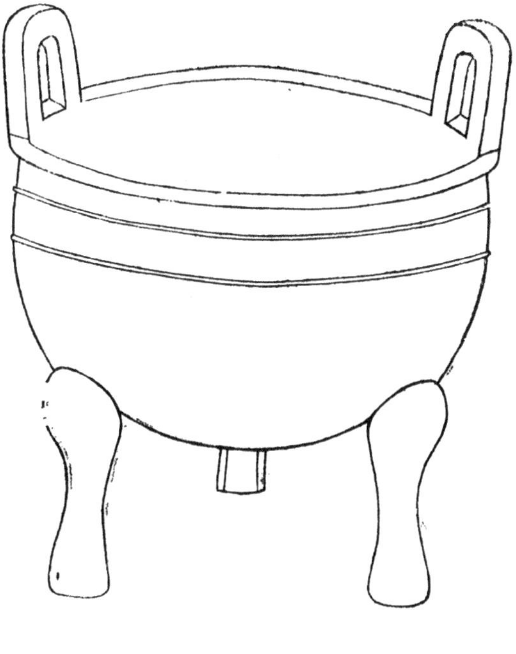

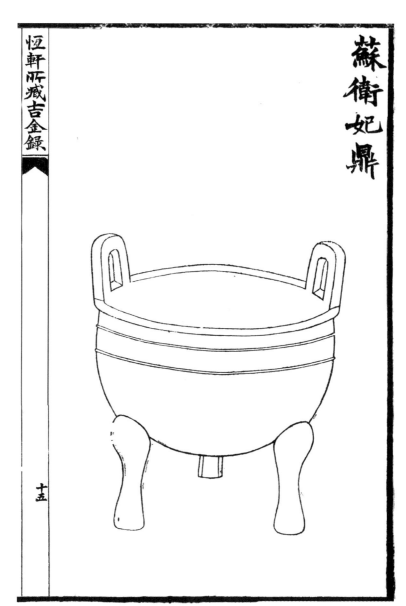

恒軒所藏吉金錄

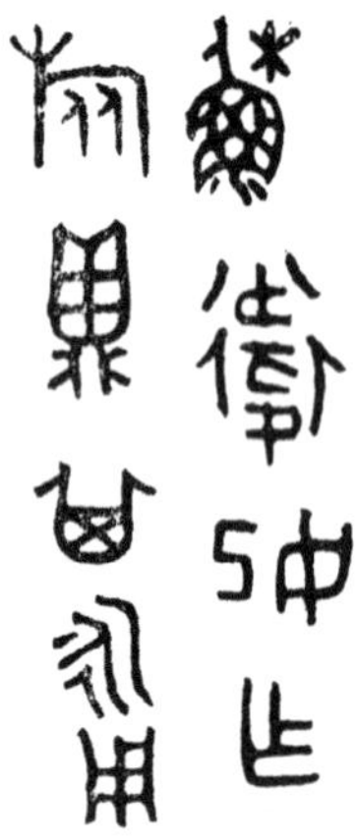

匽侯鼎

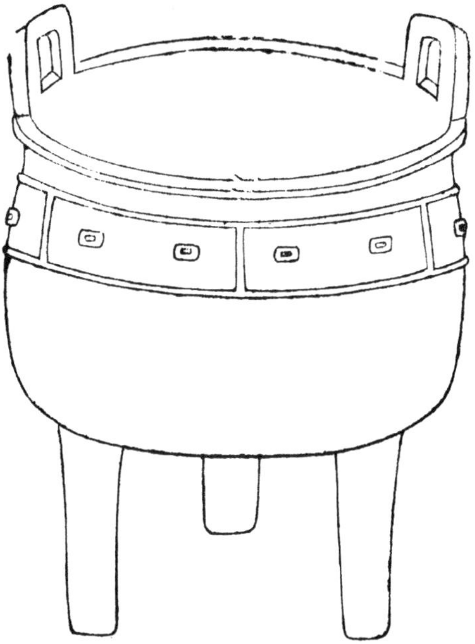

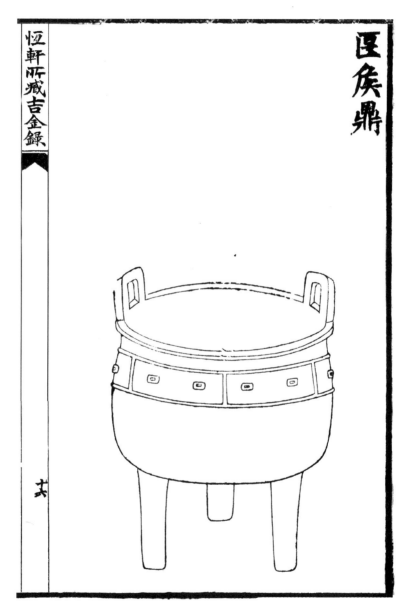

恒軒所藏吉金録

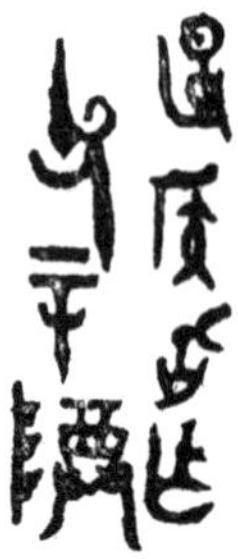

廿六

𣪘鼎

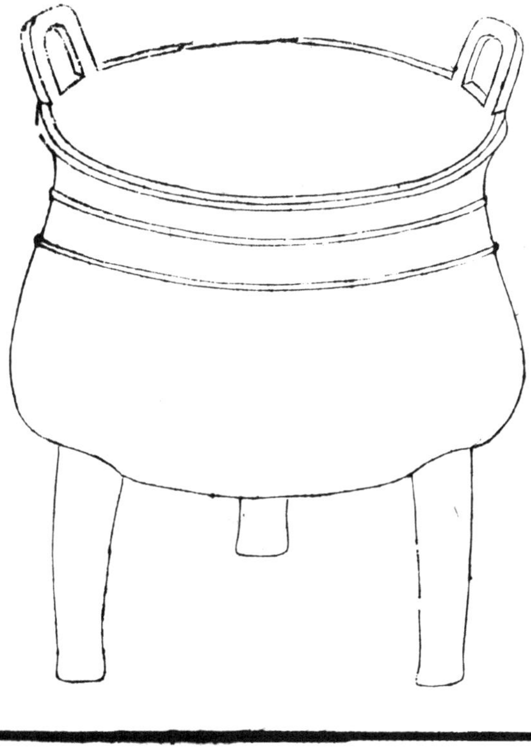

興鼎

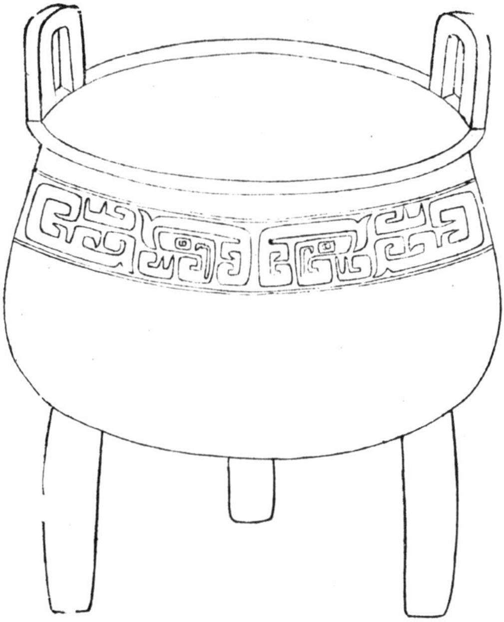

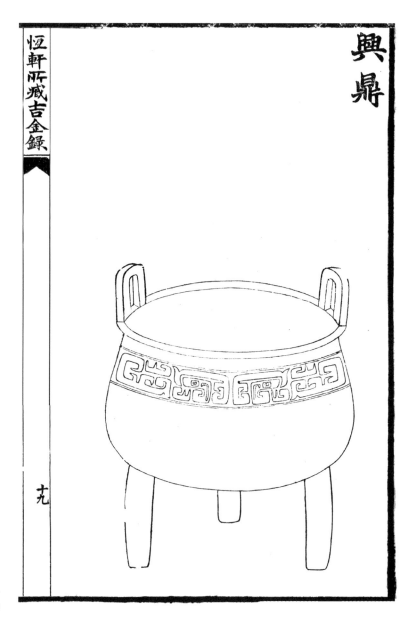

恒軒所藏吉金録

寶鼎

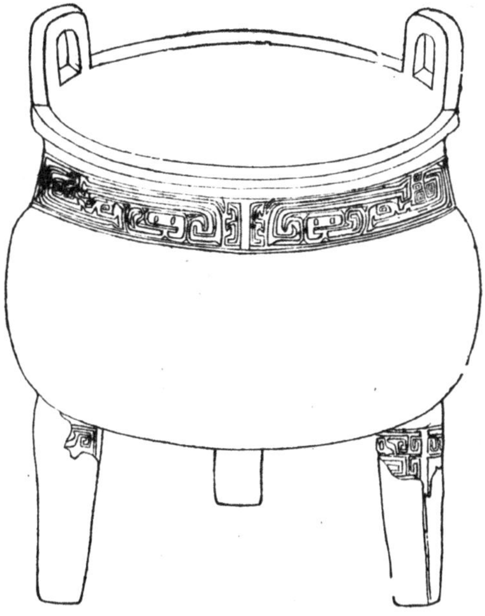

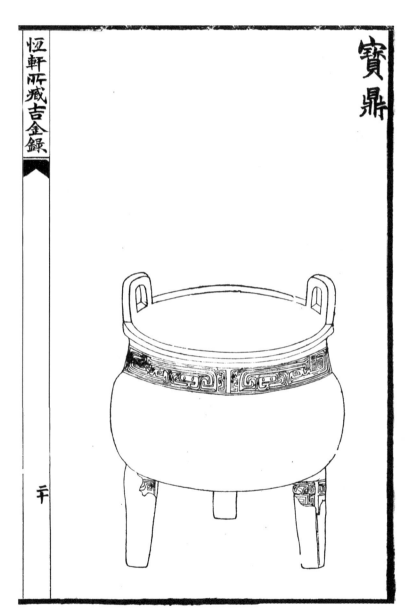

平安君鼎

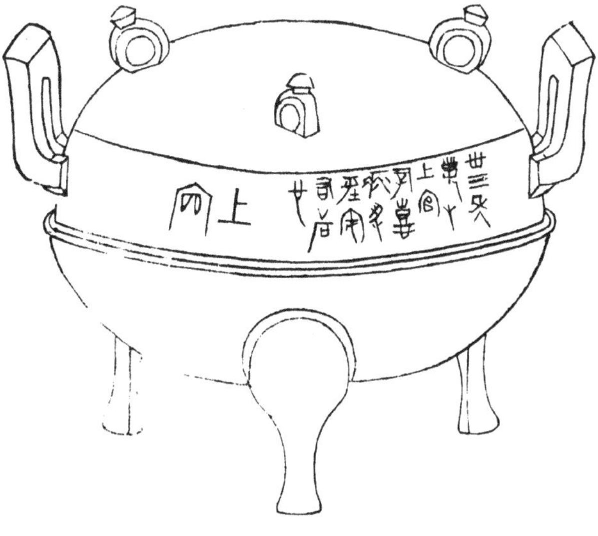

恒軒所藏吉金録

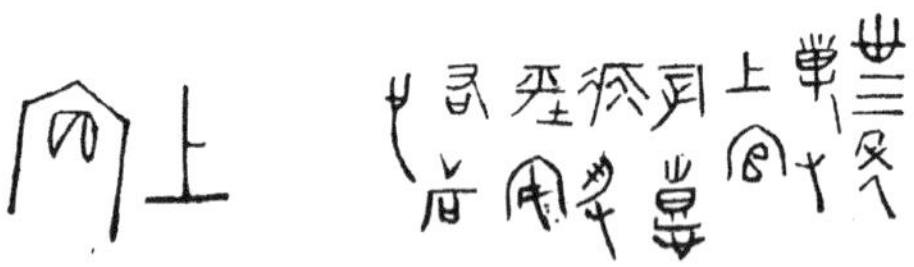

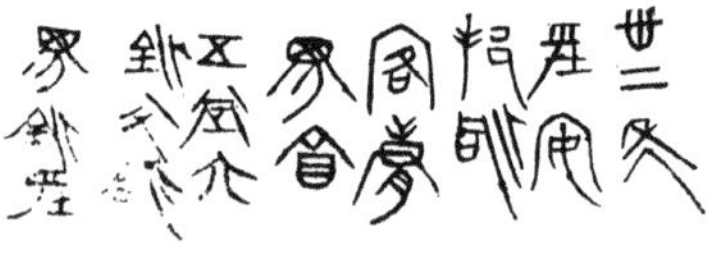

梁鼎蓋

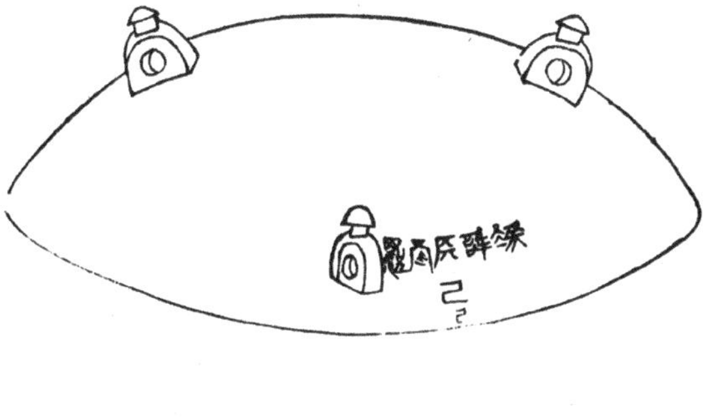

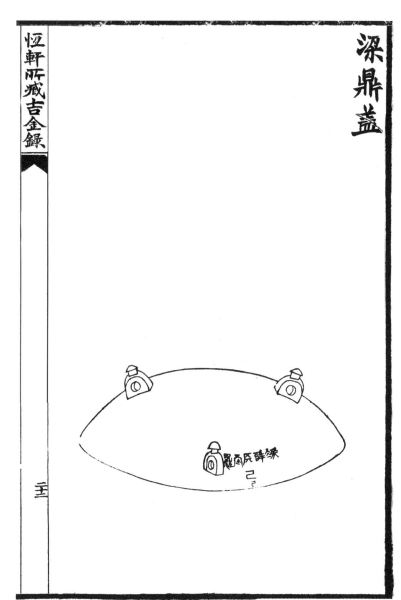

恒軒所藏吉金録

己

己

犧形敦

蒲城楊氏藏器

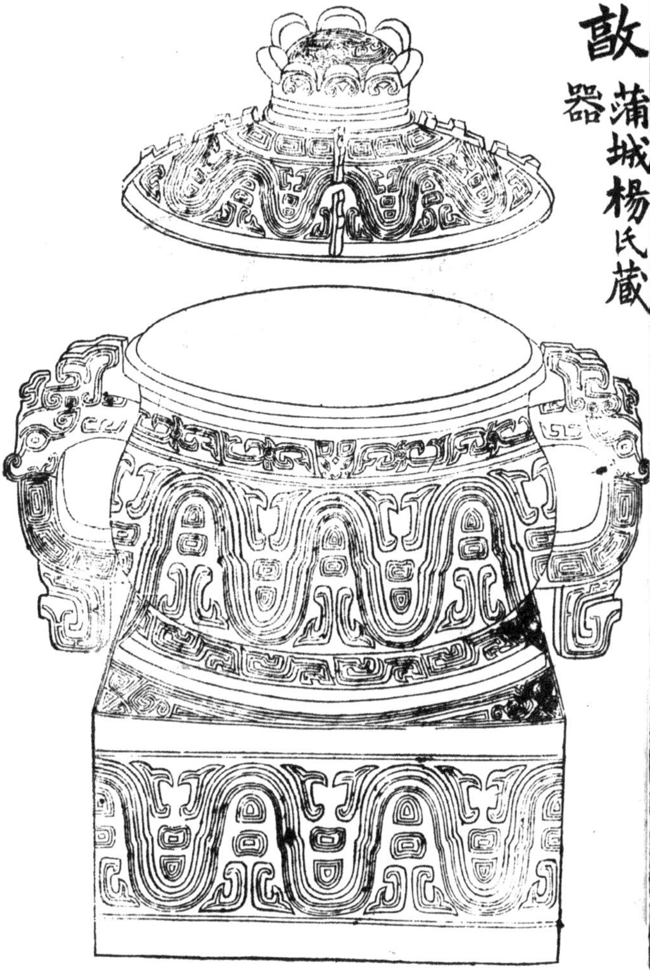

恒軒所藏吉金録

蓋

器

立旗形敦

三原劉氏藏器

子執貝父癸敦

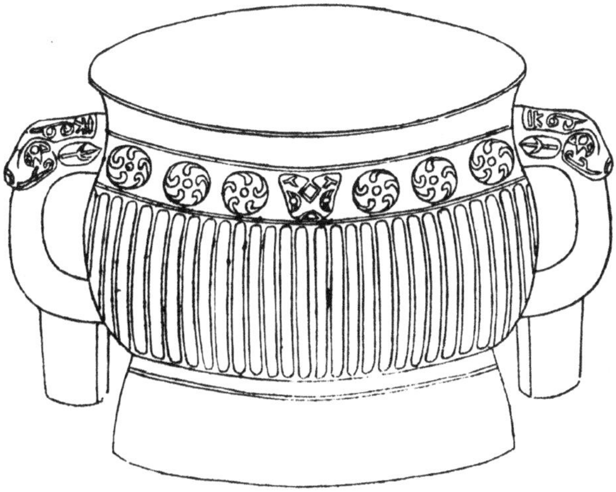

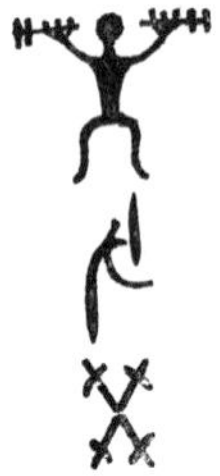

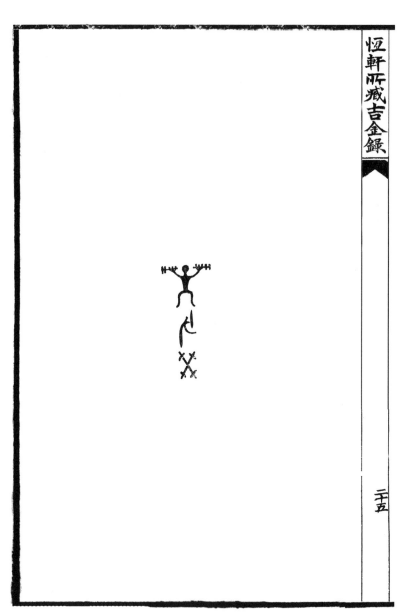

庚父辛敦

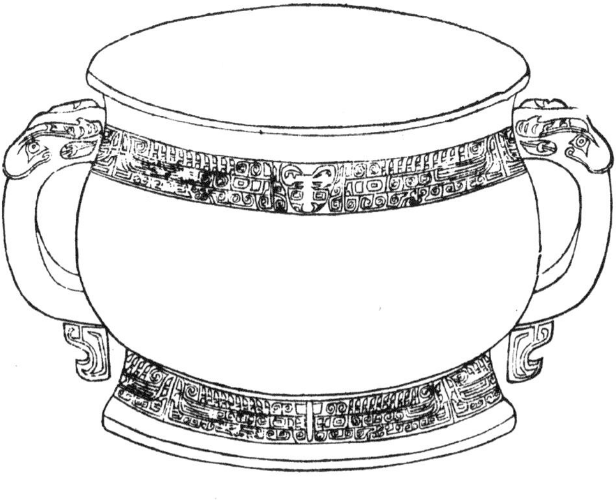

恒軒所藏吉金錄

卅六

史頌敢

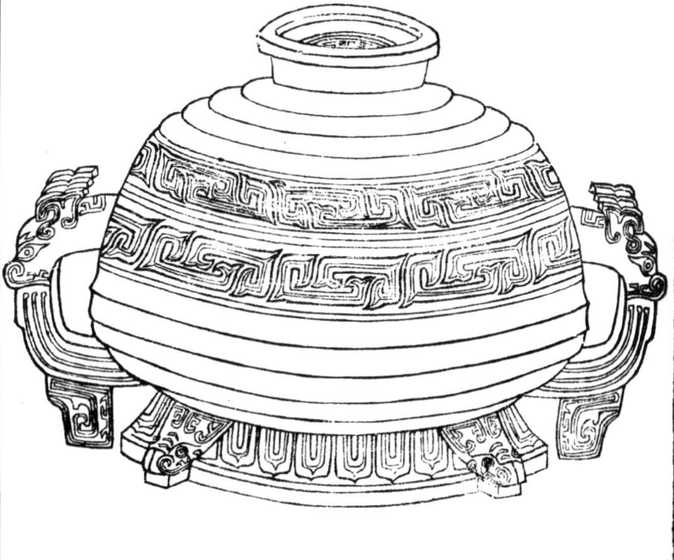

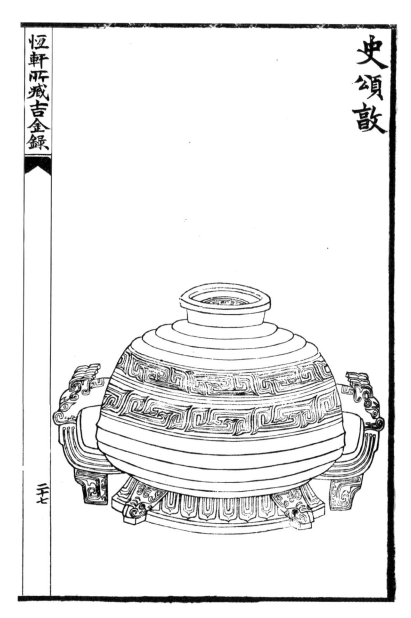

隹三年五月丁巳王在宗
周令史頌省蘇𤔲友里君
百生帥偶盩于成周休有
成事蘇賓章馬四匹吉金用
乍𩰫彝頌其萬年無疆日
遅天子顯令子子孫孫永寶用

蓋

器

綿敦

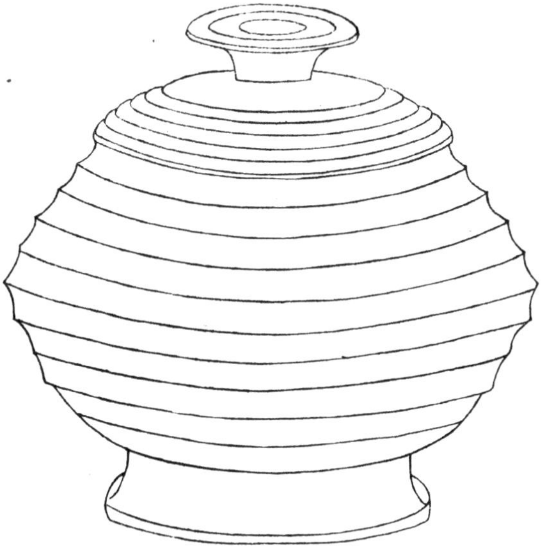

恒軒所藏吉金錄

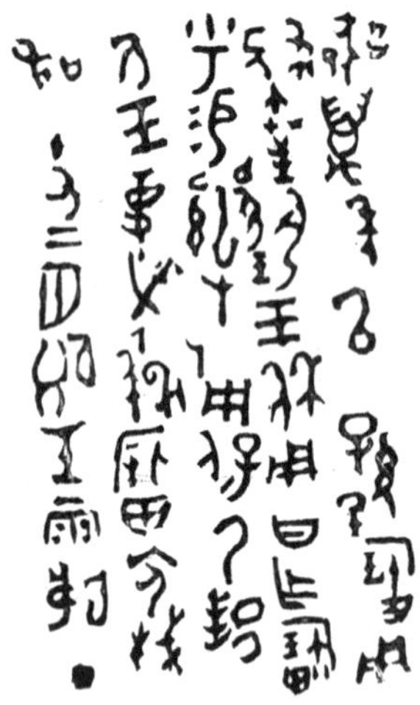

廿九

㠱侯敦

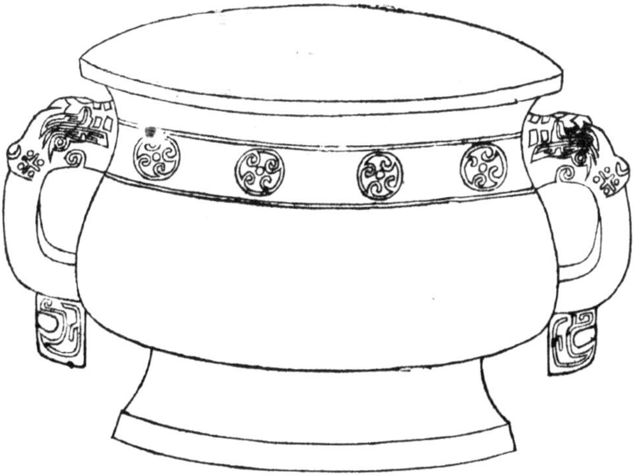

恒軒所藏吉金録

卅

矩𣪘

恒軒所藏吉金録

蘇公敦

岐山宋氏藏器

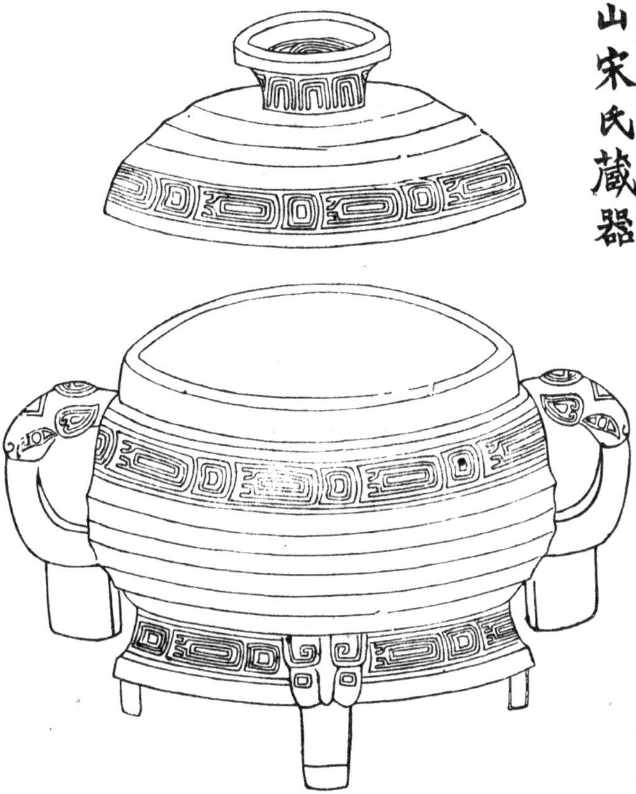

恒軒所藏吉金錄

盖

白𤔲敦

李勤伯太守藏器

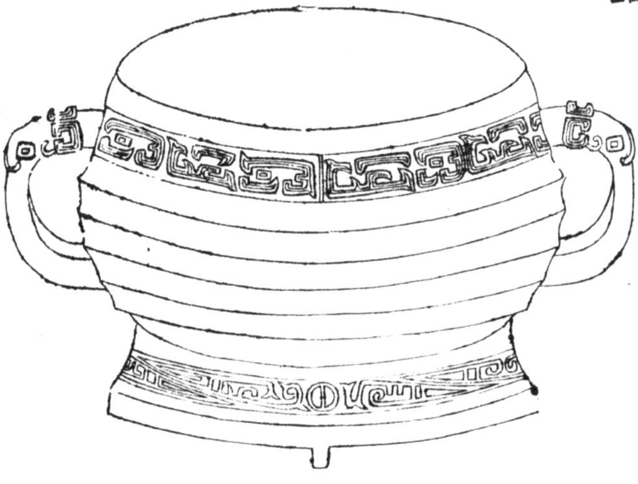

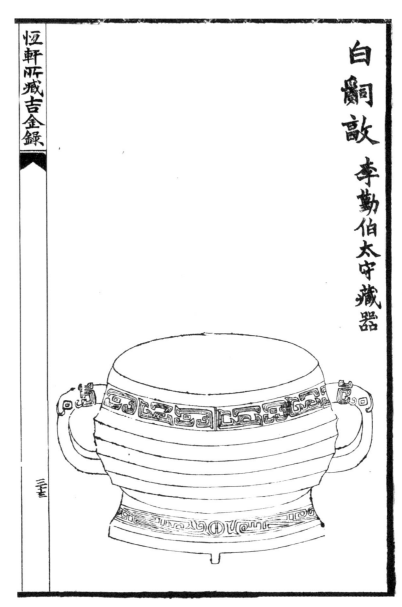

恆軒所藏吉金録

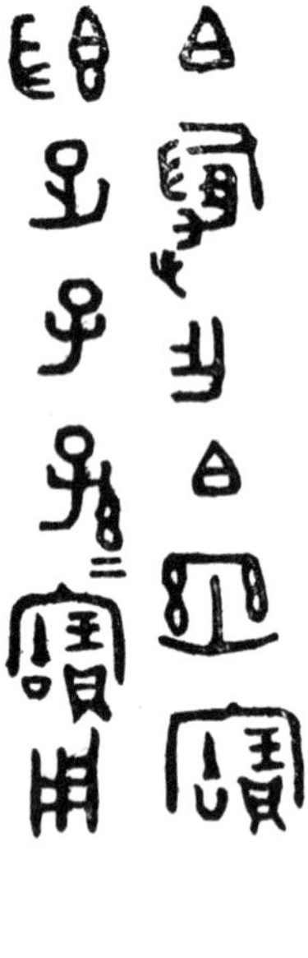

季餕敦

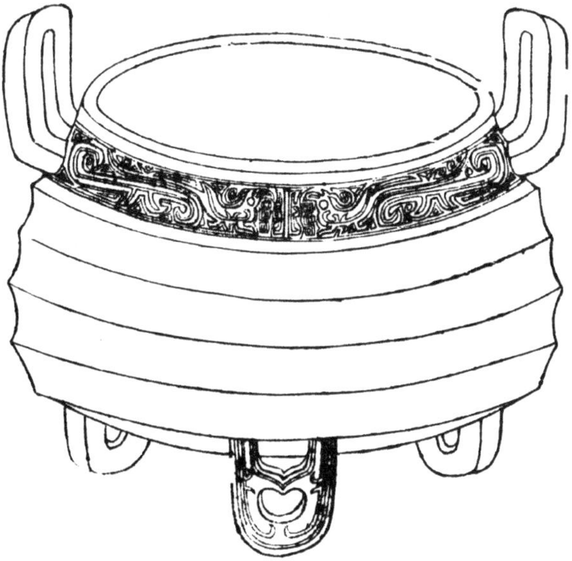

恒軒所藏吉金録

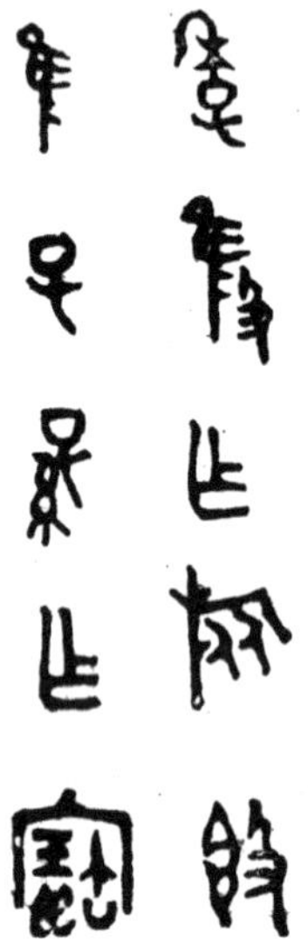

三四

穗敦

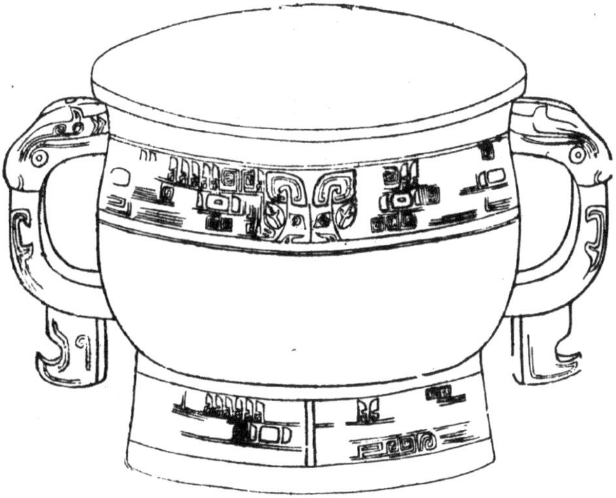

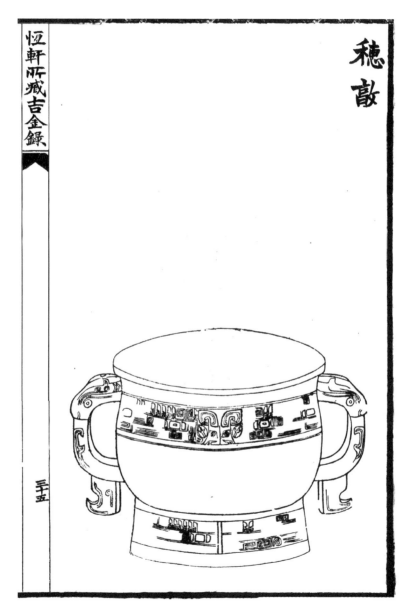

恒軒所藏吉金録

休敢

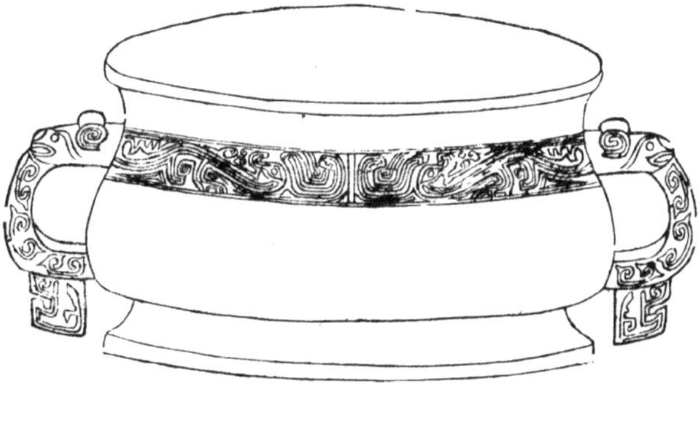

恒軒所藏吉金録

三六

虢仲敦

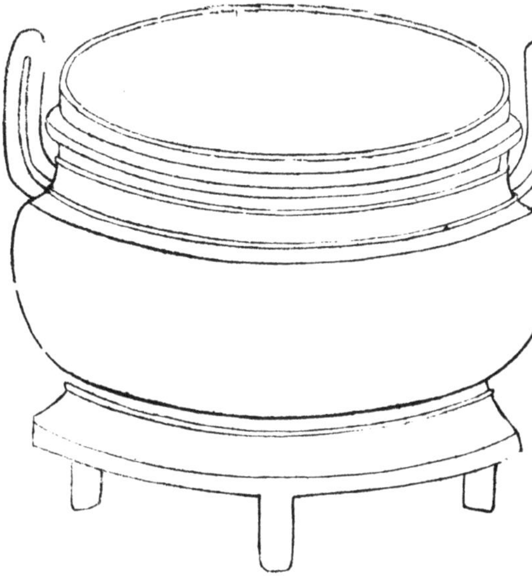

敦[illegible]中
乍旅簋

中白父敦

中身人
止家
胎

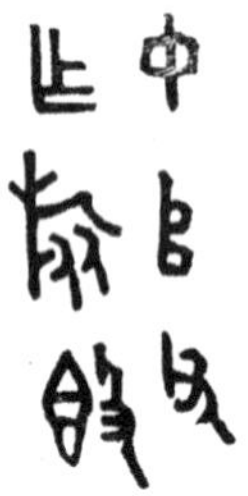

師遽𣪕盖

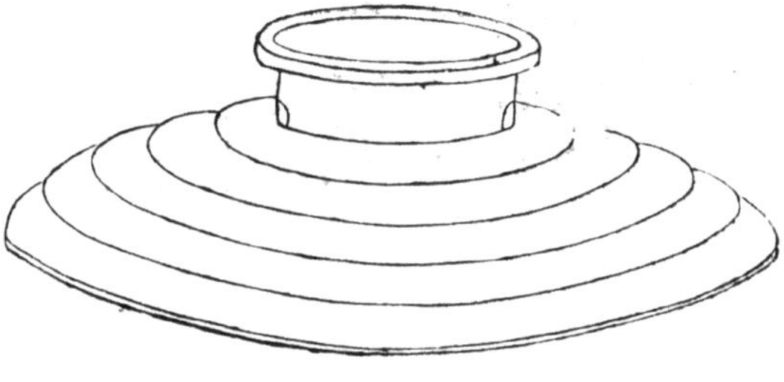

恒軒所藏吉金録

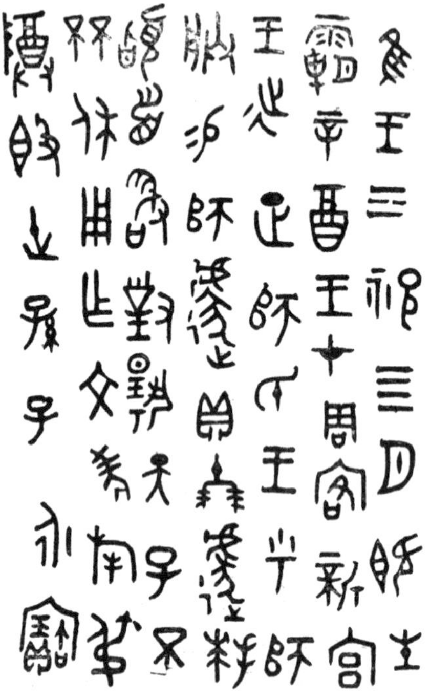

子孫父丁彝

子犧形妣辛彝

王蓮生農部藏器

恒軒所藏吉金録

夊彝

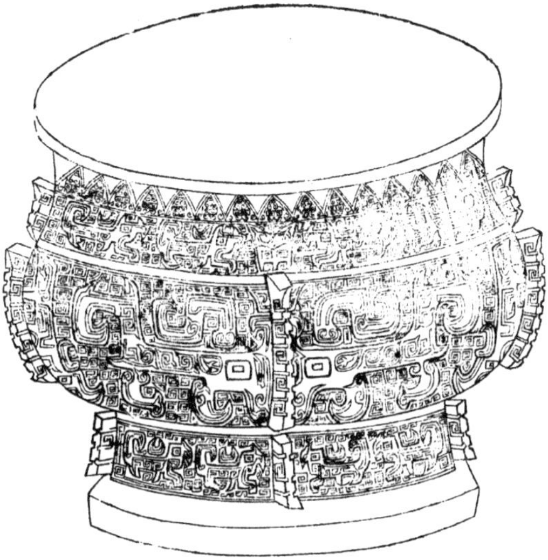

析子孫父丁彝　蒲城楊氏藏器

恒軒所藏吉金錄

文父乙彝

李勤伯太守藏器

恒軒所藏吉金録

四十四

百乳彝

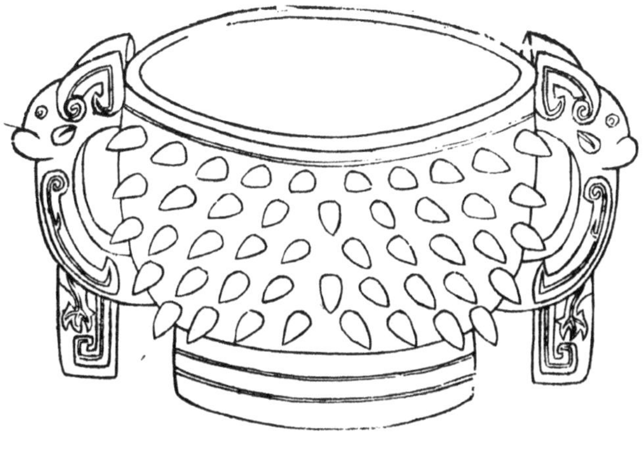

恒軒所藏吉金録

季保彝

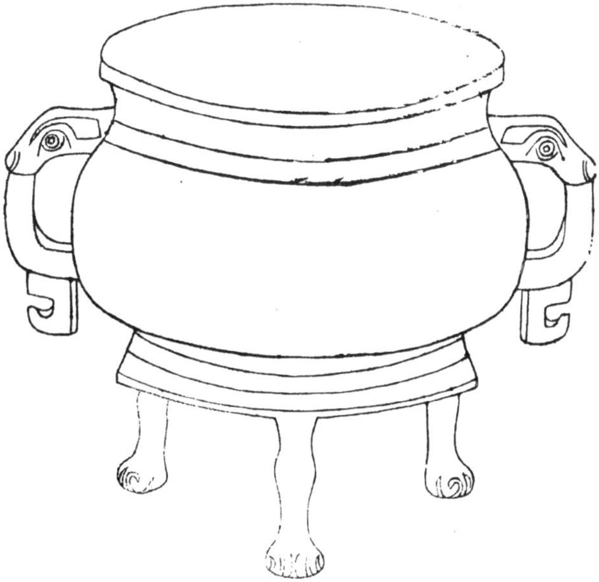

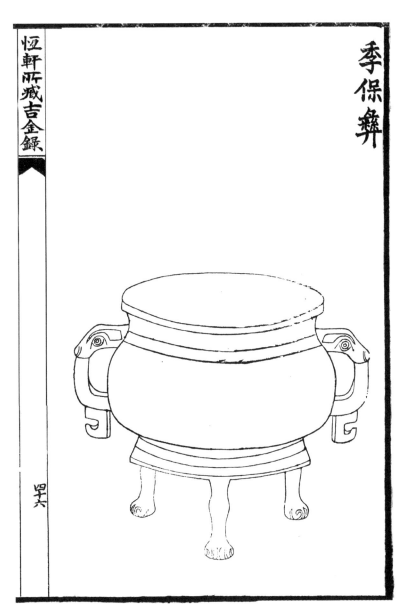

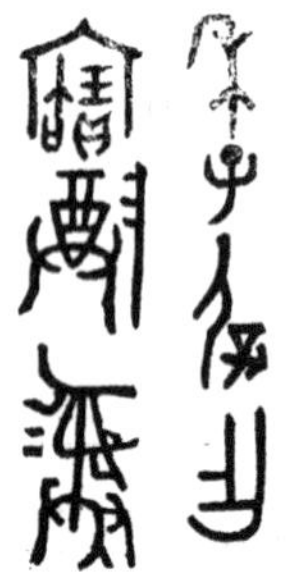

犧形尊

福山王廉生農部藏器

恒軒所藏吉金録

蓋

器

㪚作父辛尊

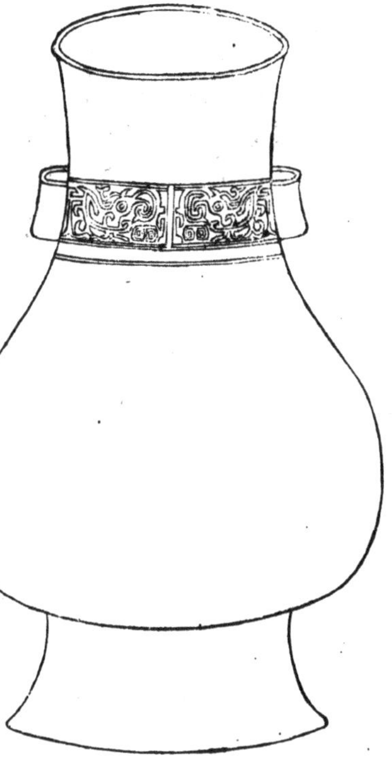

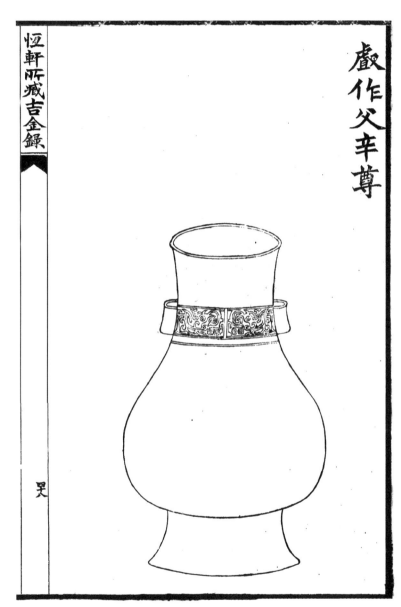

恒軒所藏吉金錄

父乙尊

方九仲觀察藏器

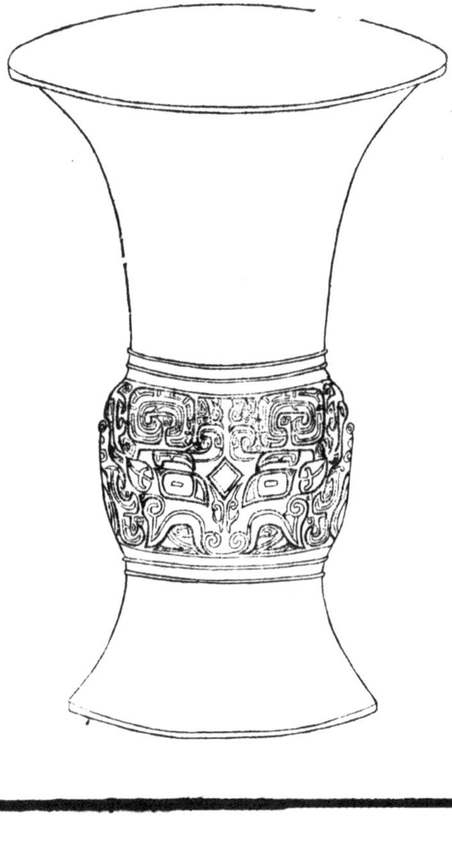

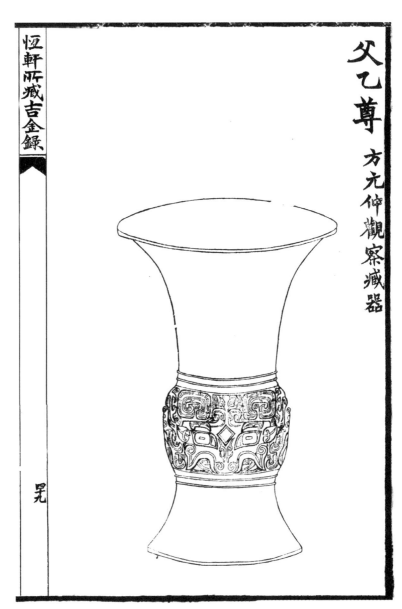

趩尊

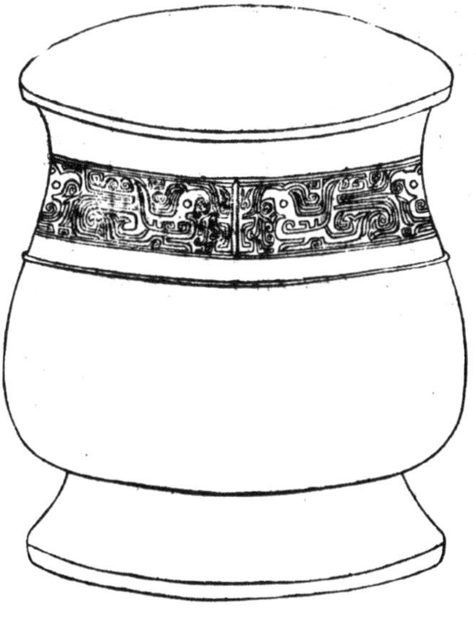

恒軒所藏吉金録

穗尊 陽識

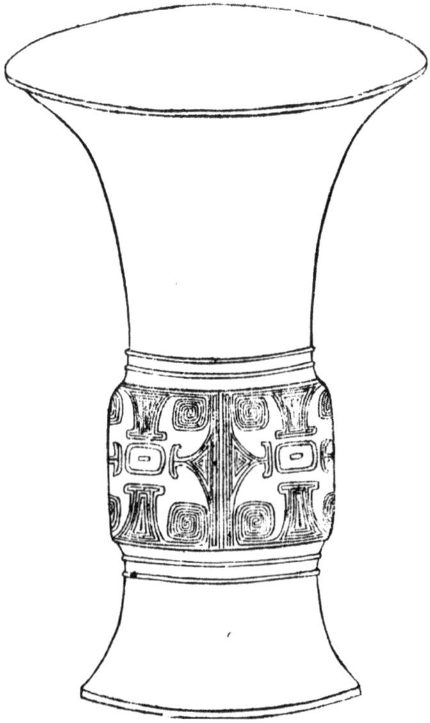

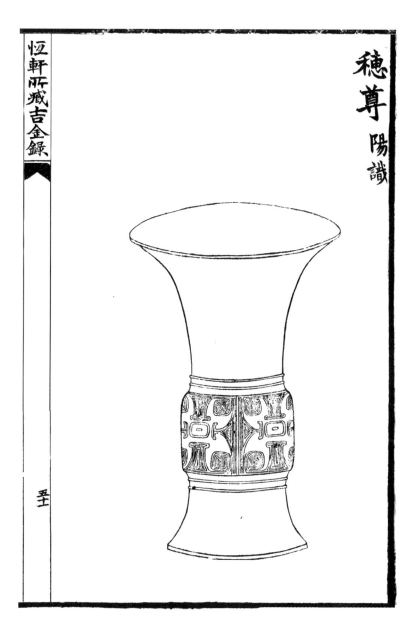

恒軒所藏吉金録

魚父癸壺

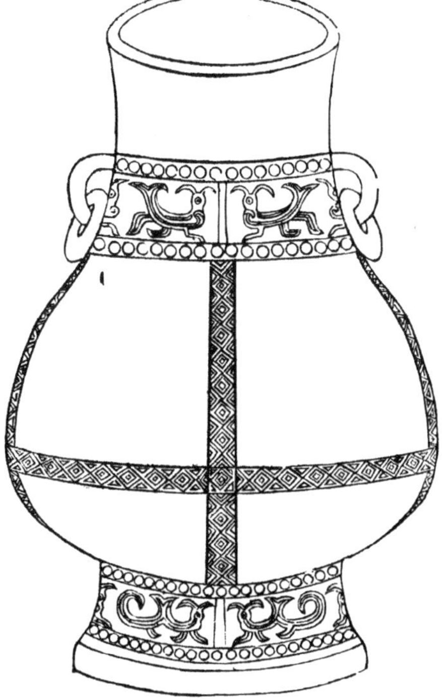

太姬壺

恒軒所藏吉金録

韓中多壺

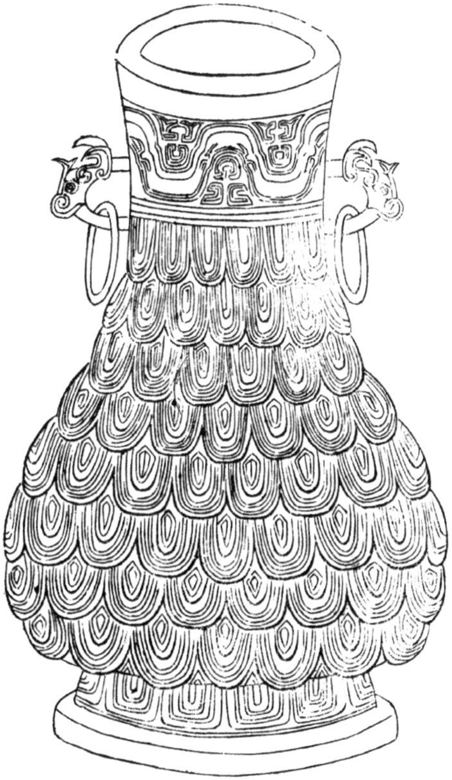

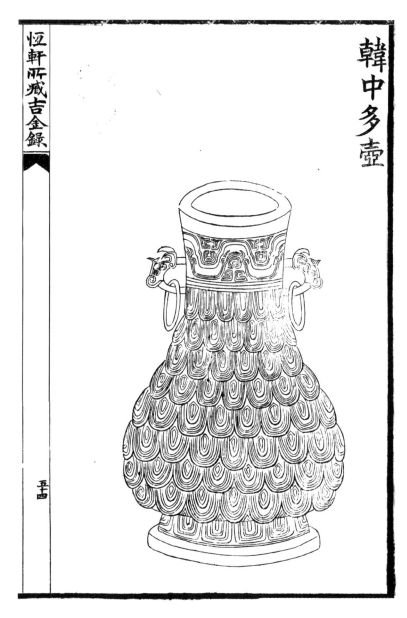

鄭楙叔賓父壺

恒軒所藏吉金録

乜𠤕父癸卣

三原劉氏藏器

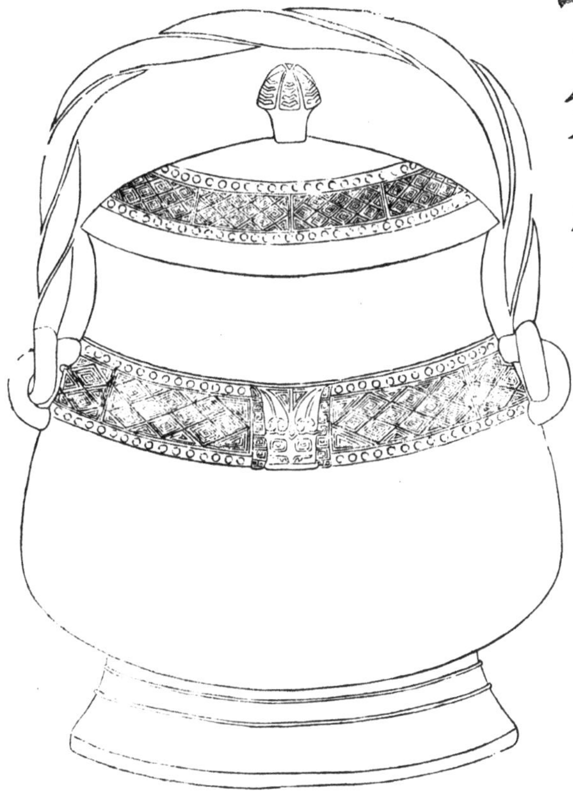

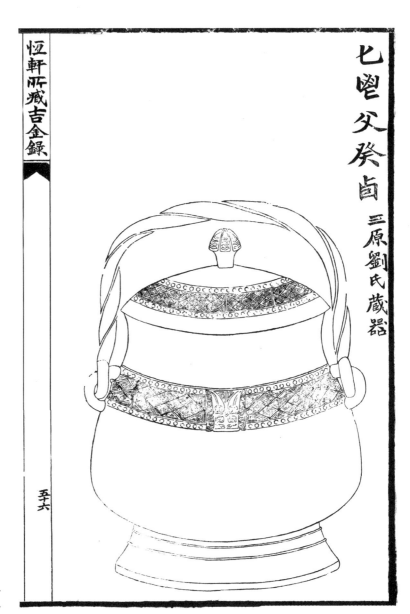

蓋

器

子立旂且乙卣

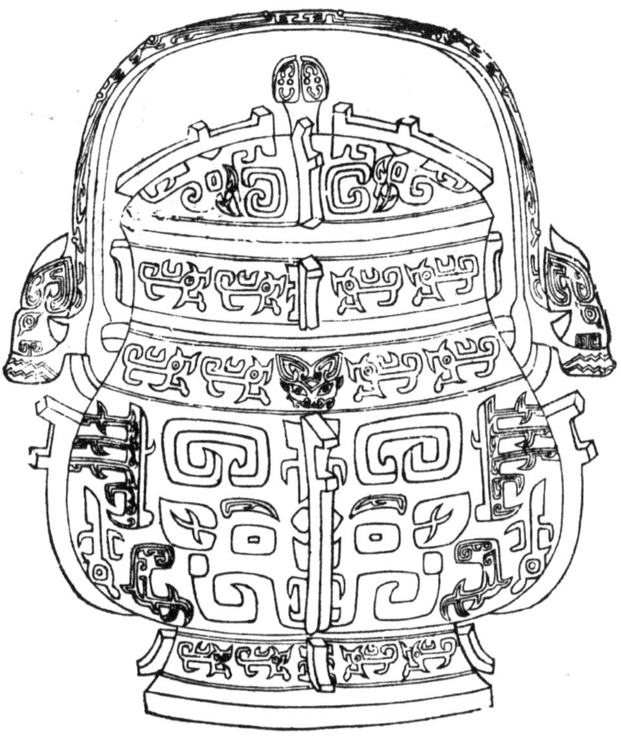

恆軒所藏吉金録

舉象形卣

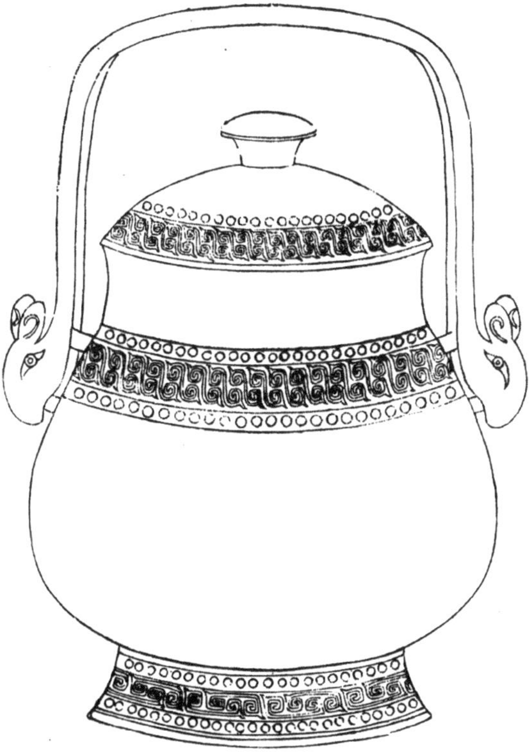

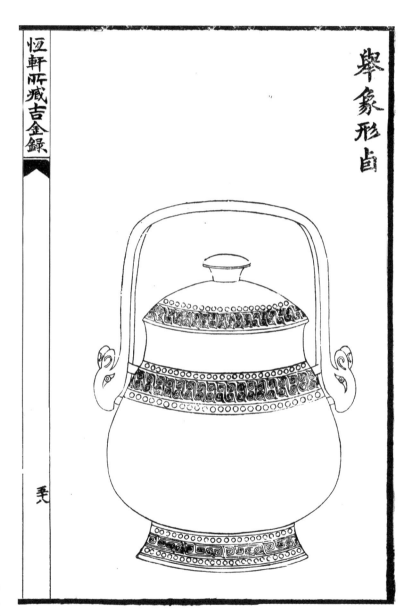

蓋

器

父辛卣

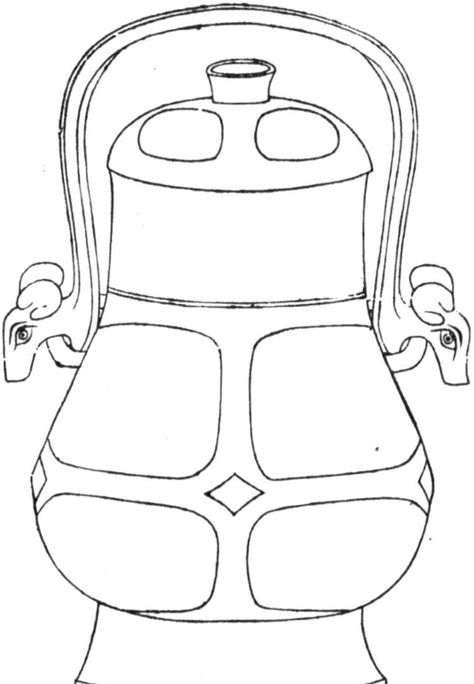

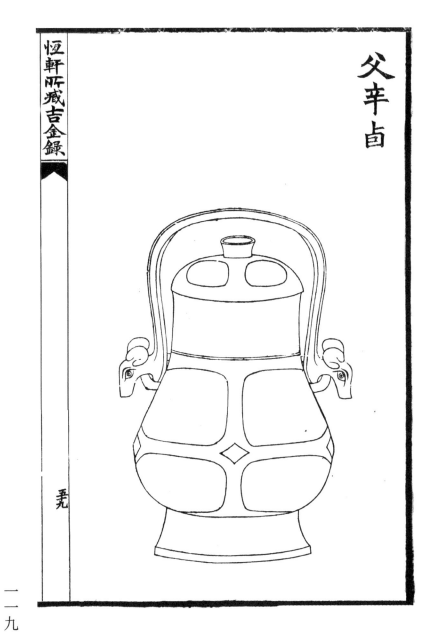

蓋

器

婦庚卣

恒軒所藏吉金録

蓋

器

斨木象形卣

申卣

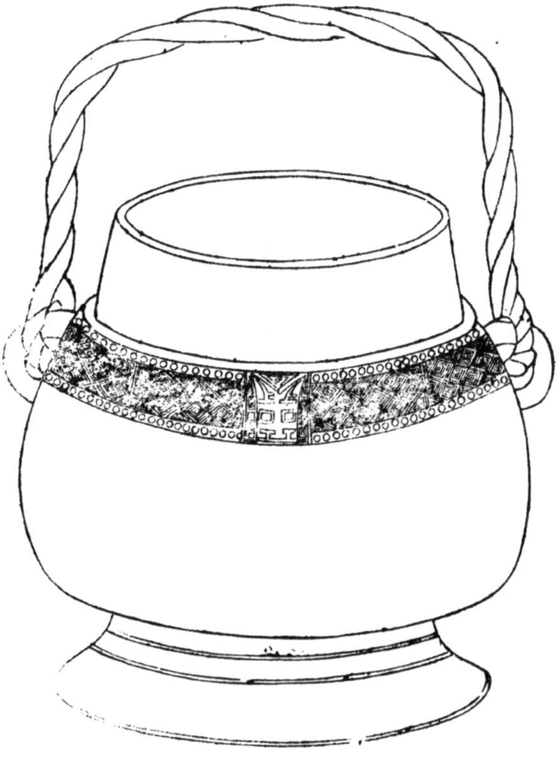

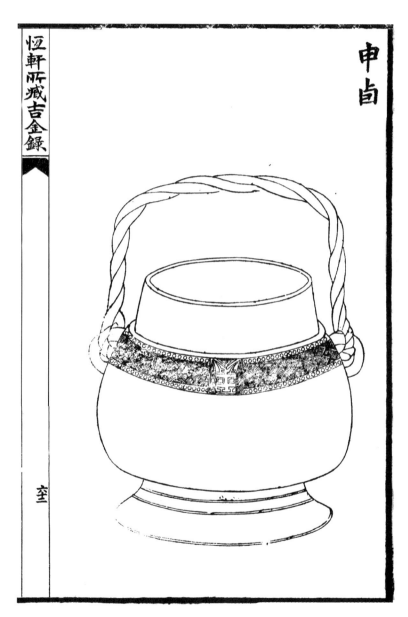

恒軒所藏吉金録

壺

父辛象形卣

恒軒所藏吉金録

六十三

父辛卣

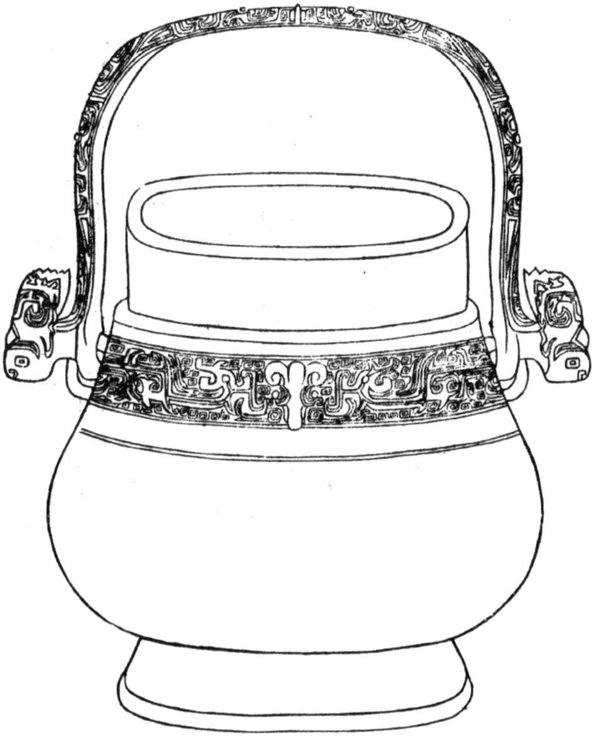

恒軒所藏吉金録 下

六十四

白睘卣

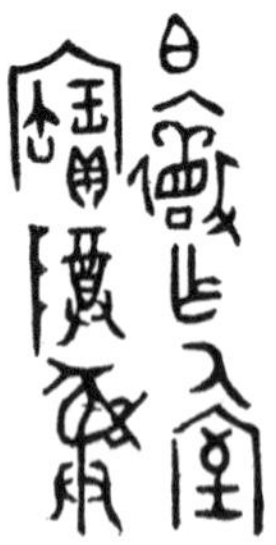

蓋

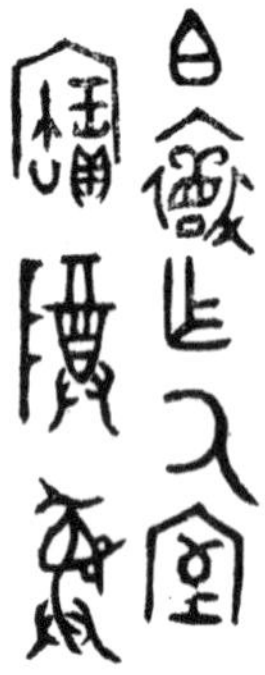

器

衞父卣

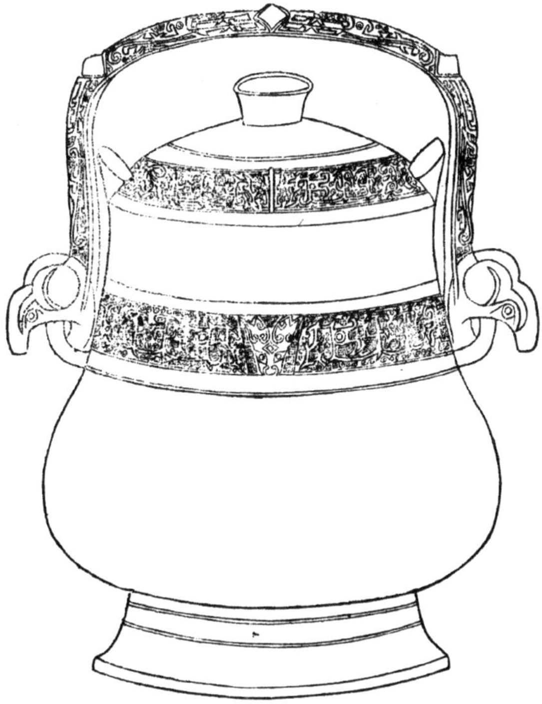

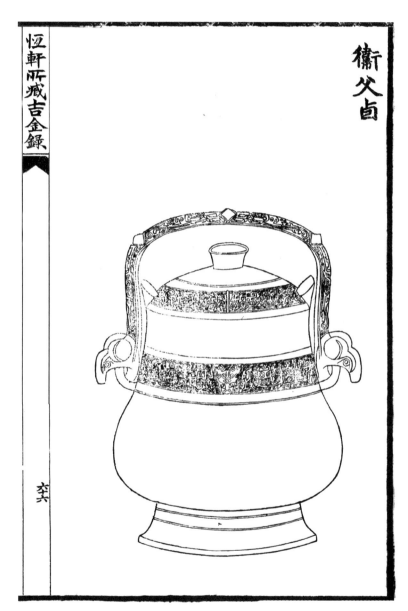

恒軒所藏吉金録

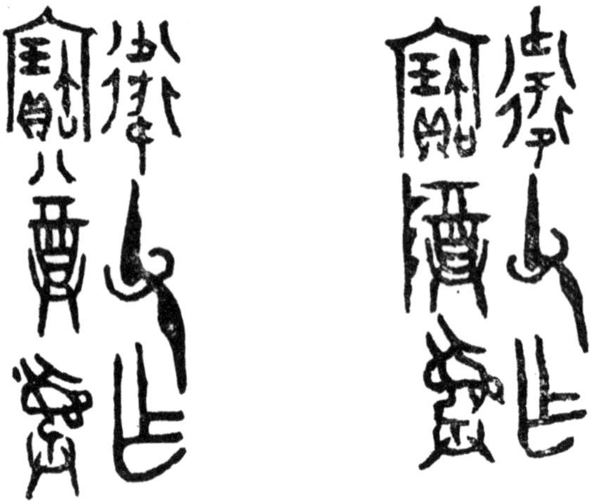

卒

寶卣

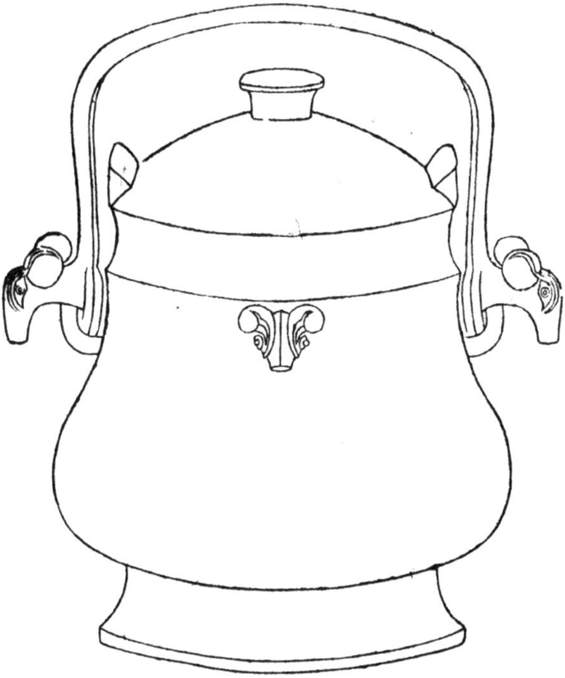

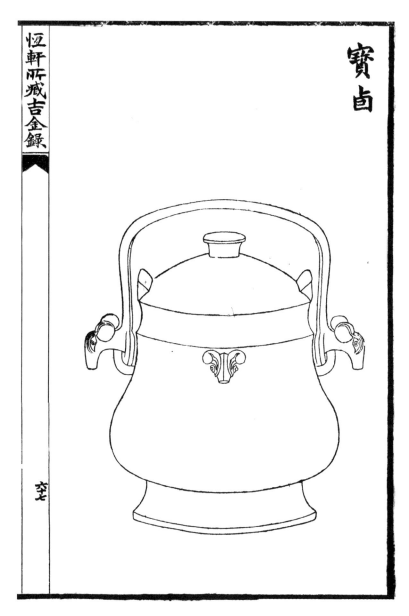

恒軒所藏吉金録

蓋

器

寡子卣盖

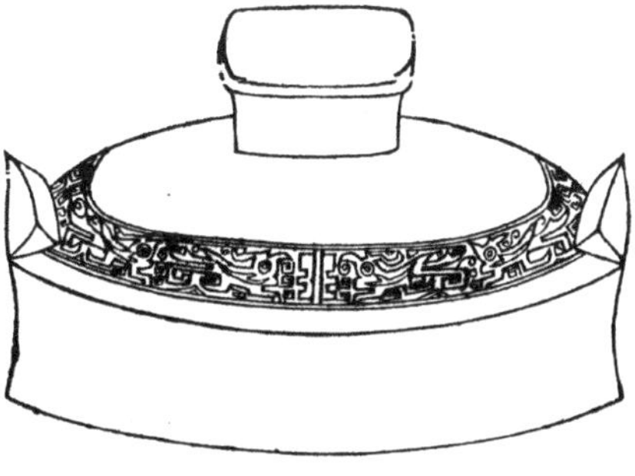

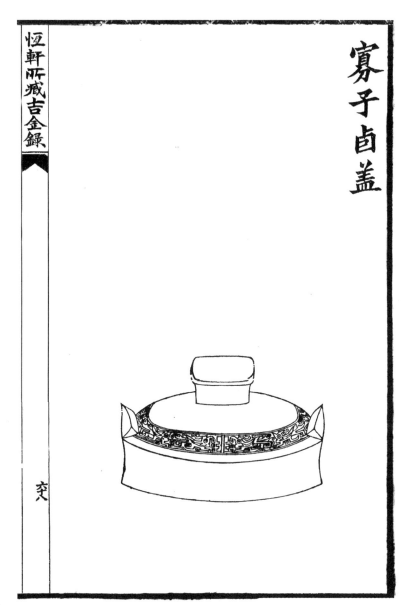

恒軒所藏吉金録

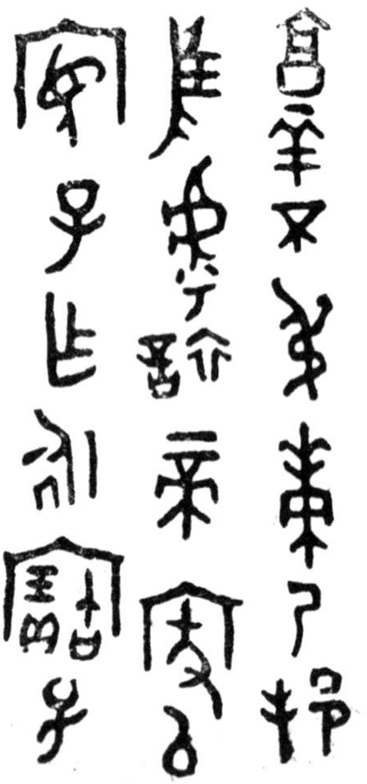

交

𩰫卣蓋

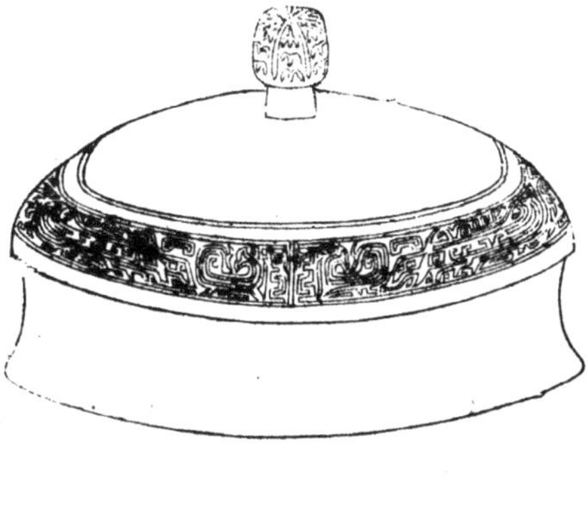

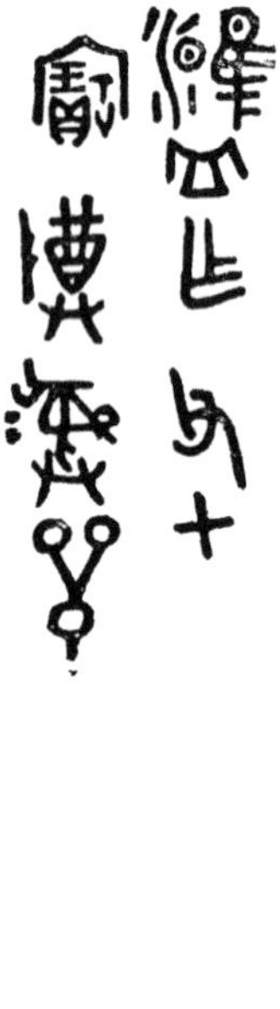

舉咤父乙爵

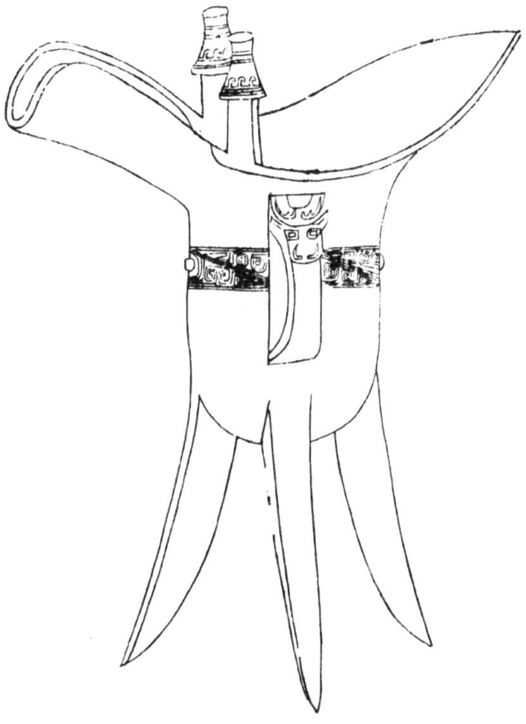

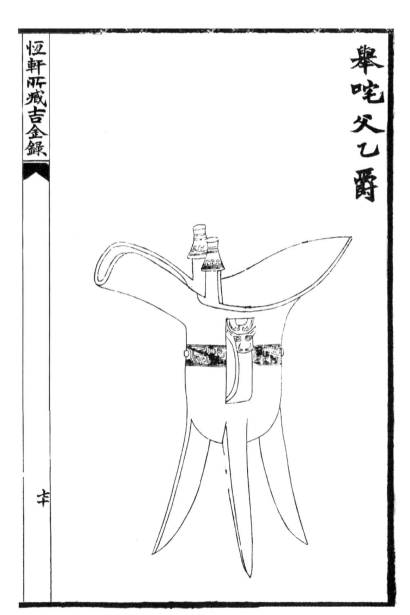

夃作父乙爵

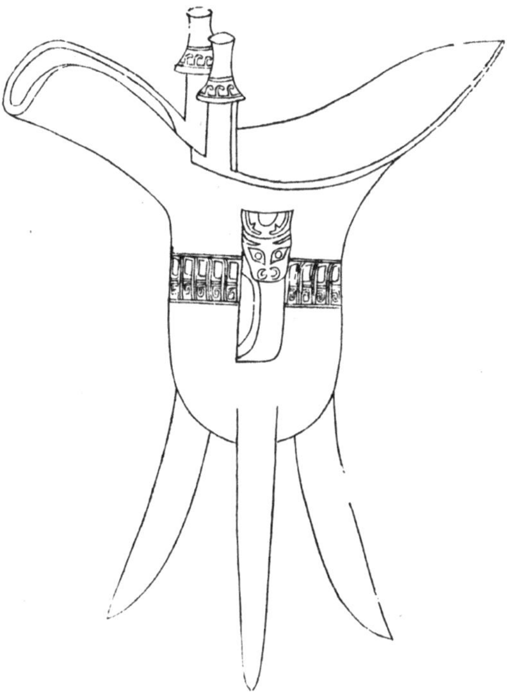

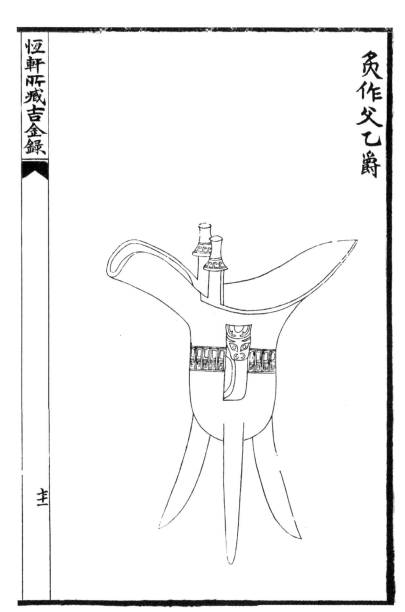

恒軒所藏吉金録

木父丁爵

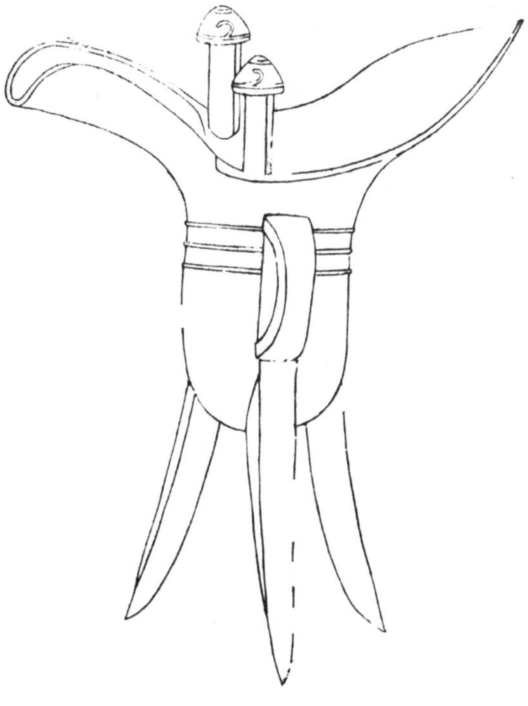

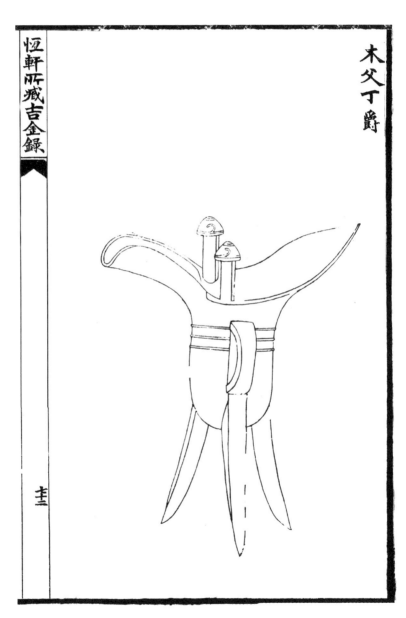

恒軒所藏吉金録

龍作父丁爵

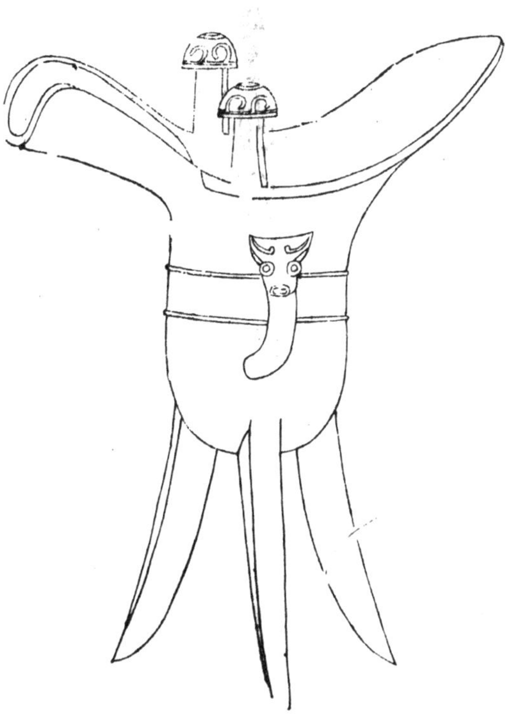

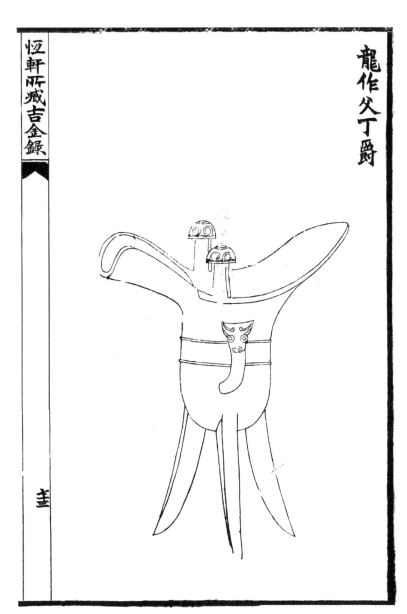

舉戊父爵

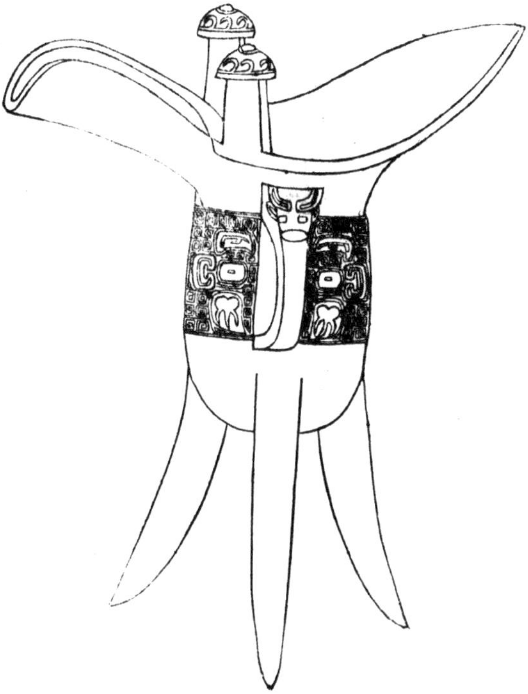

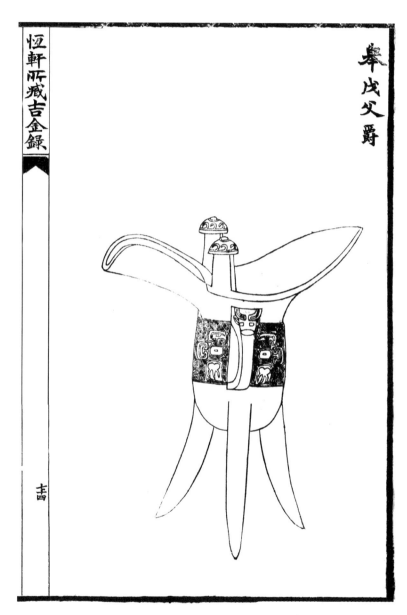

囧父辛爵

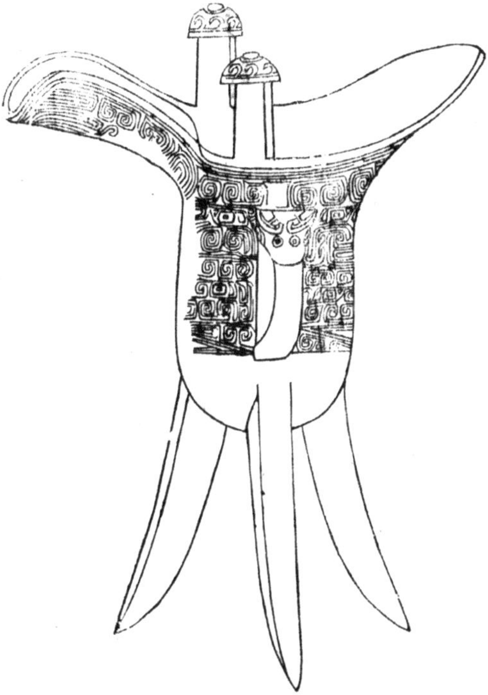

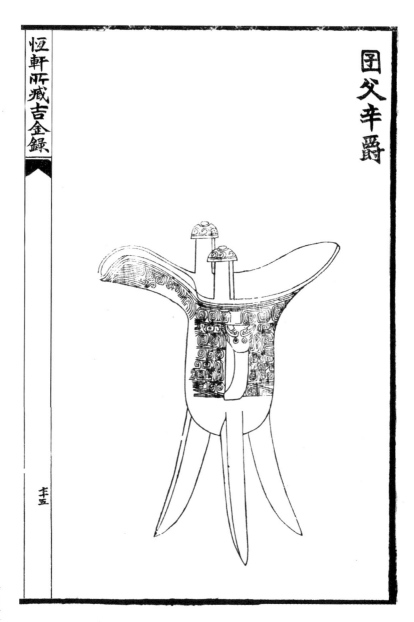

恒軒所藏吉金録

丰五

父壬糸爵

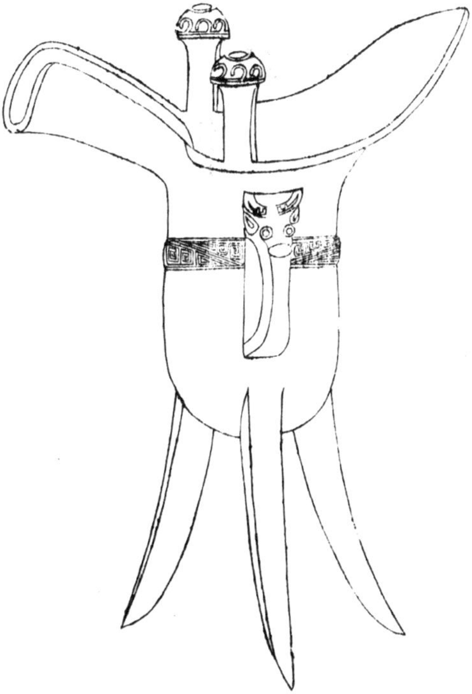

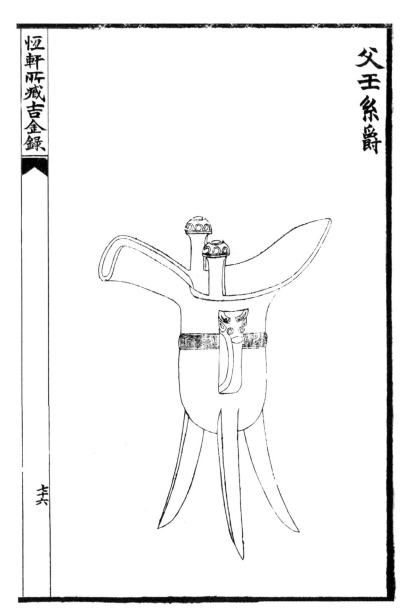

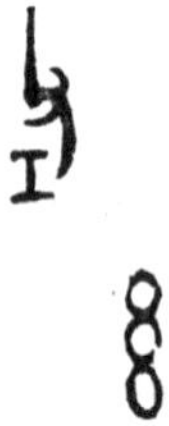

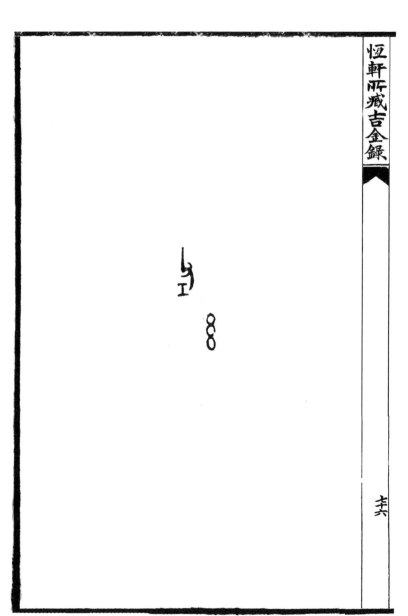

父癸爵 陽識

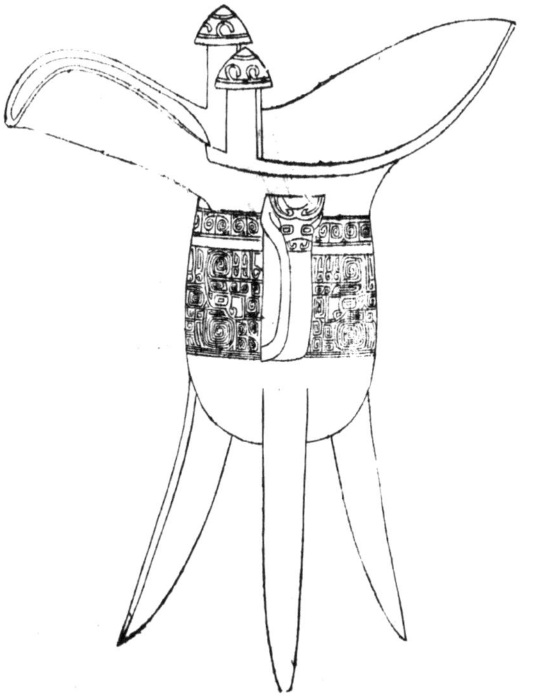

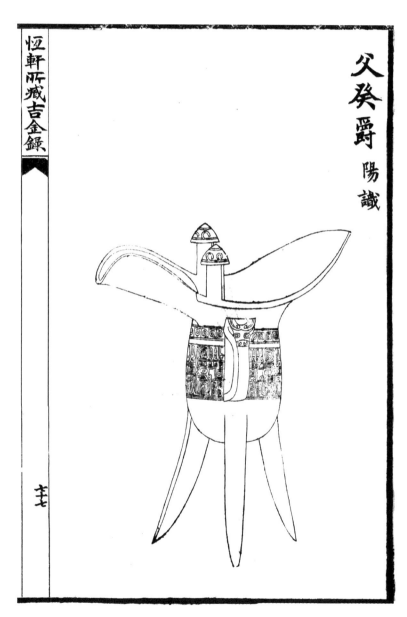

析子孫父癸爵

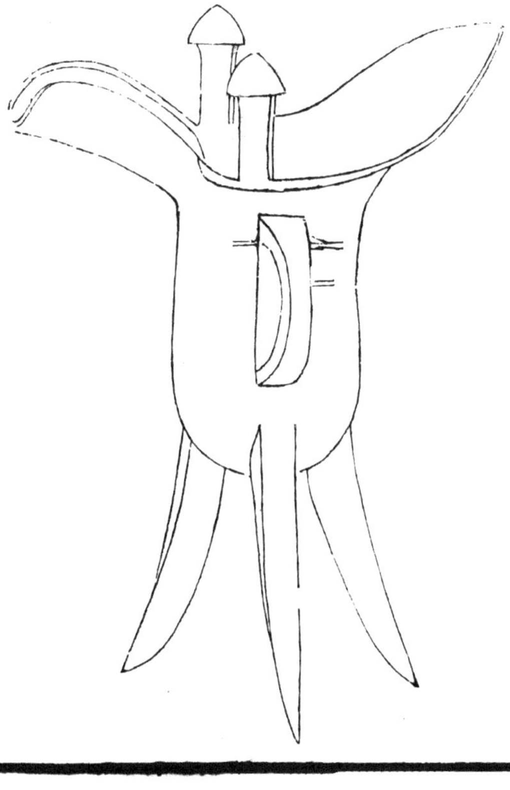

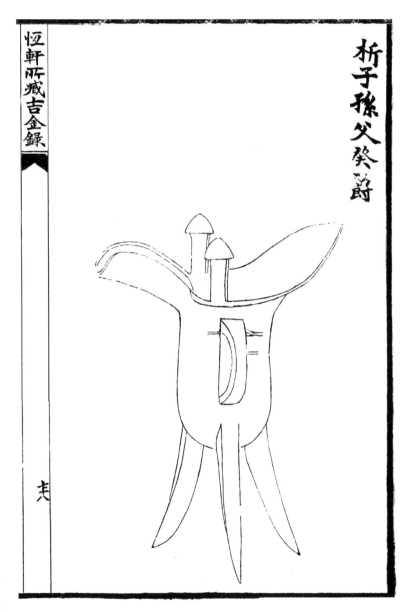

別爵 蒲城楊氏藏器

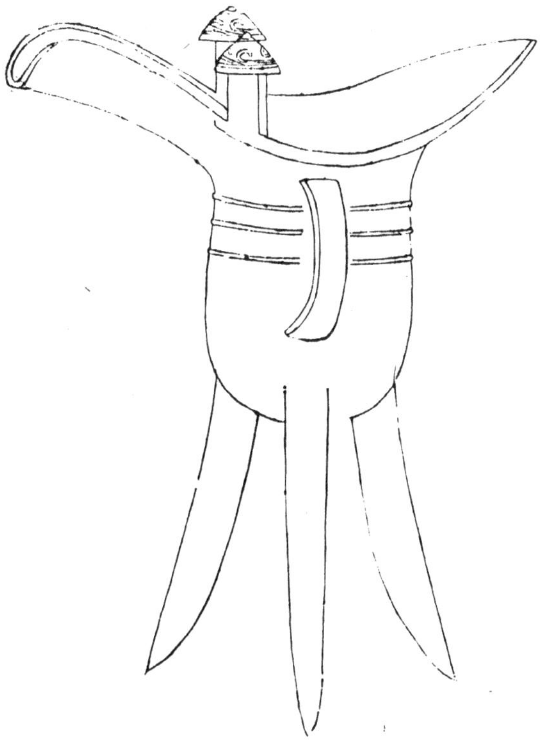

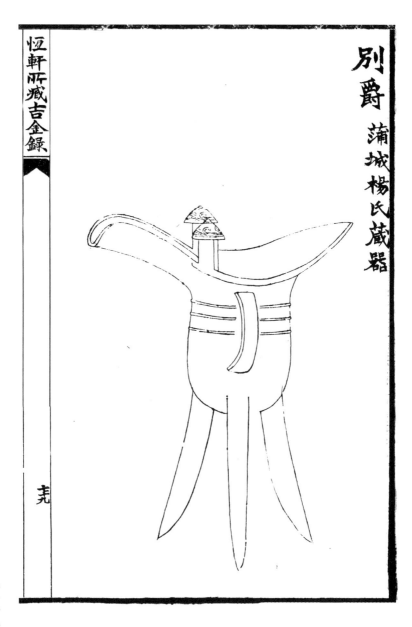

[illegible]作姚爵

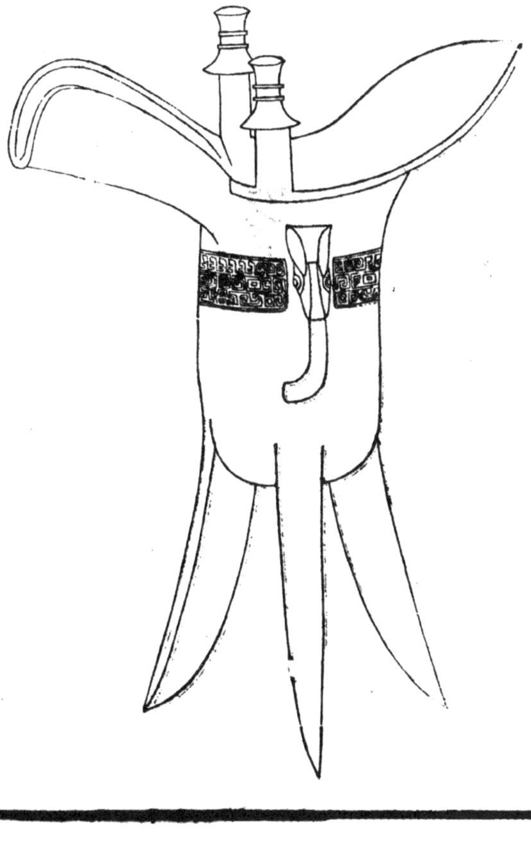

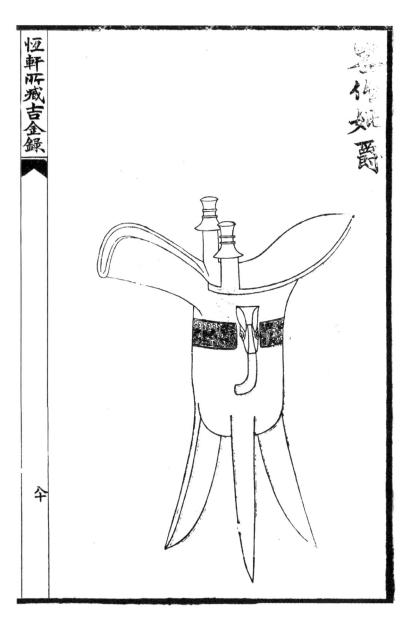

倒矢架形子爵

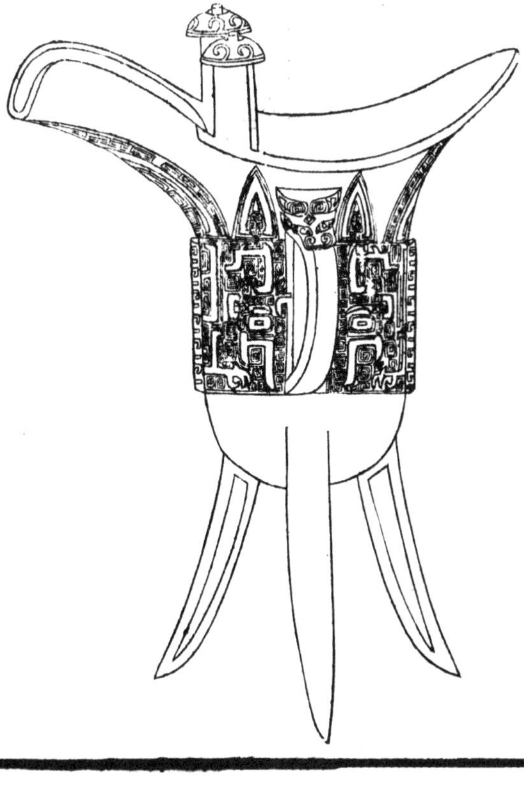

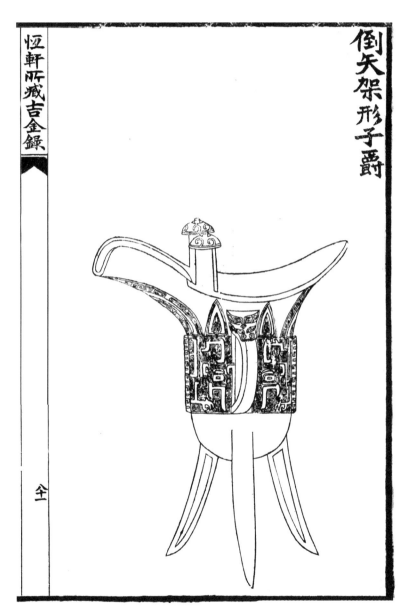

作乃父寶爵

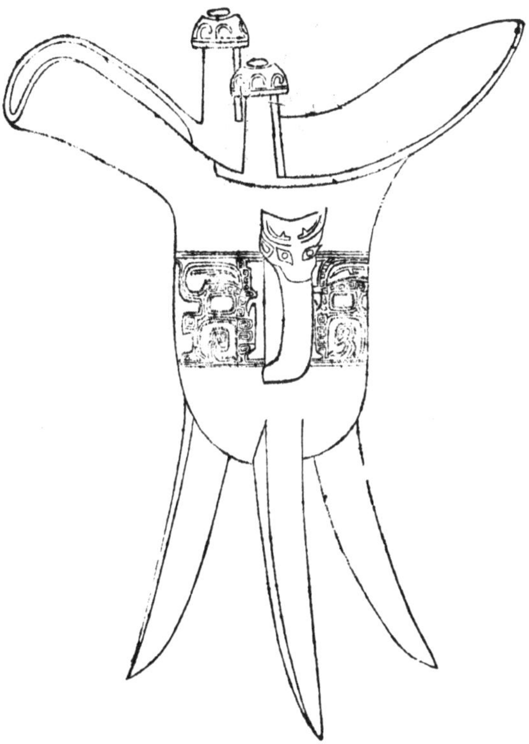

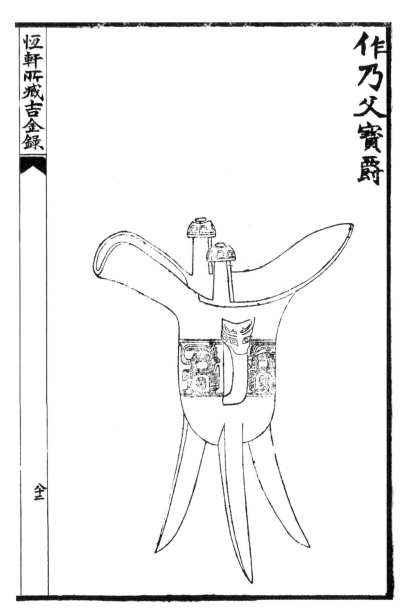

恒軒所藏吉金録

全

貝十朋子父乙觶

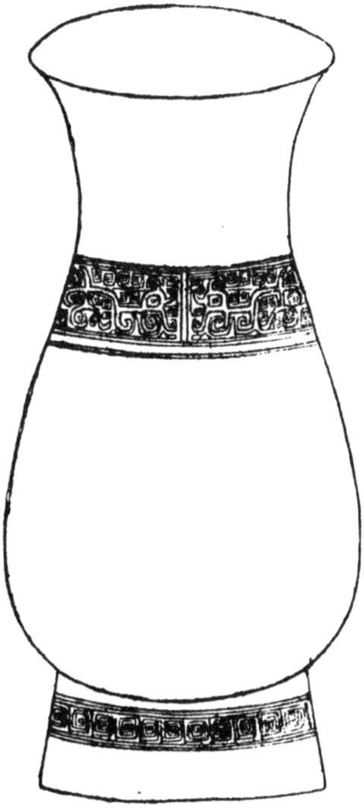

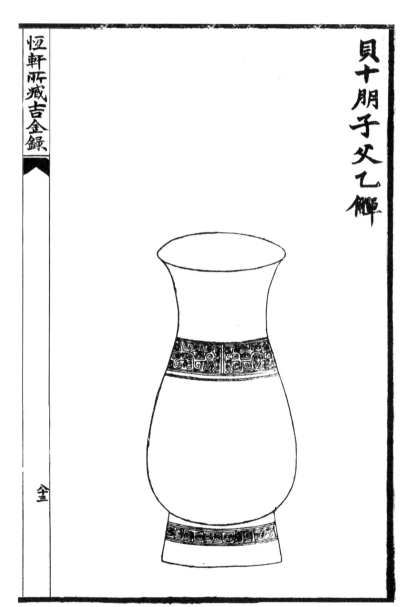

恒軒所藏吉金録

全

立戈父丙觶

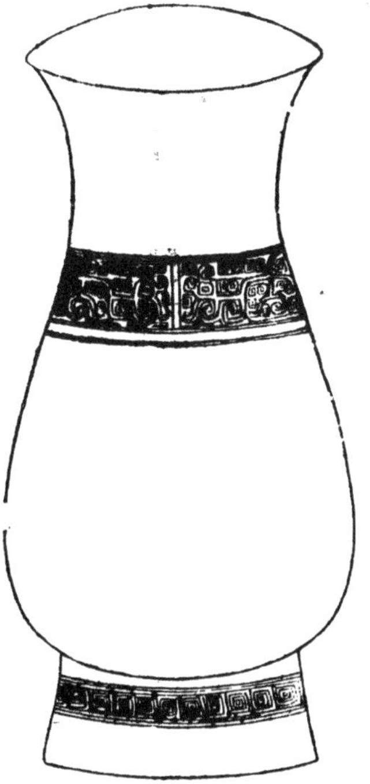

恒軒所藏吉金録

缶

父丁觶

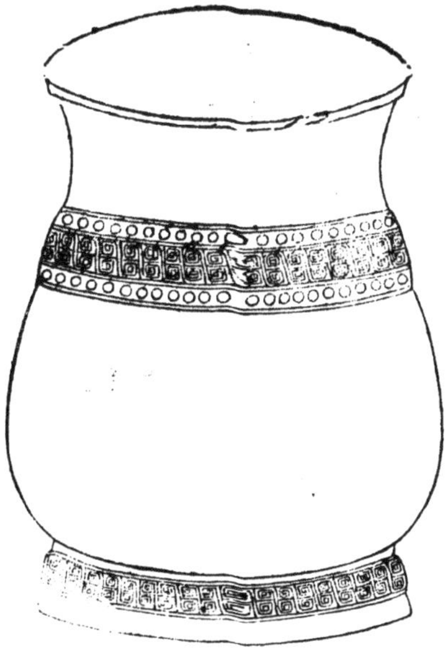

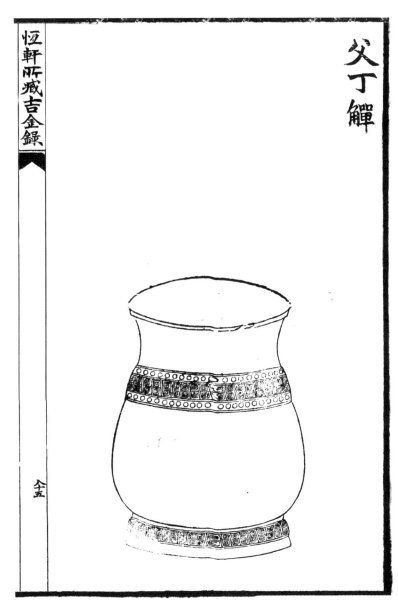

恒軒所藏吉金録

己父觚

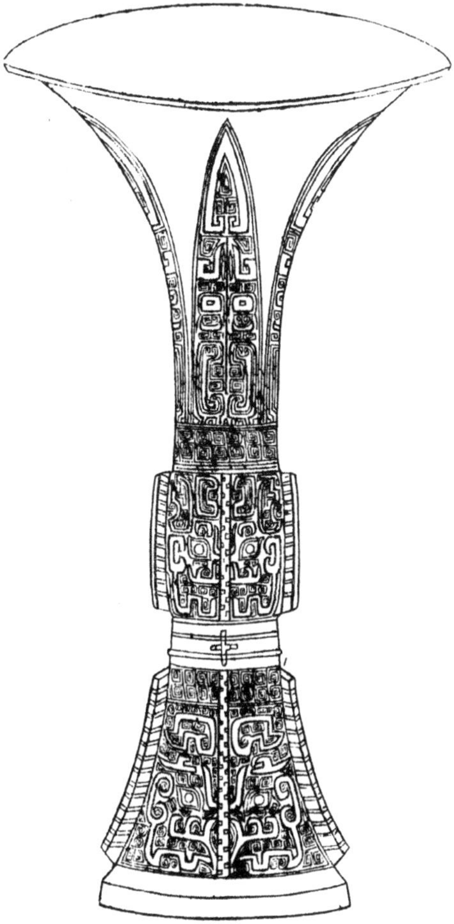

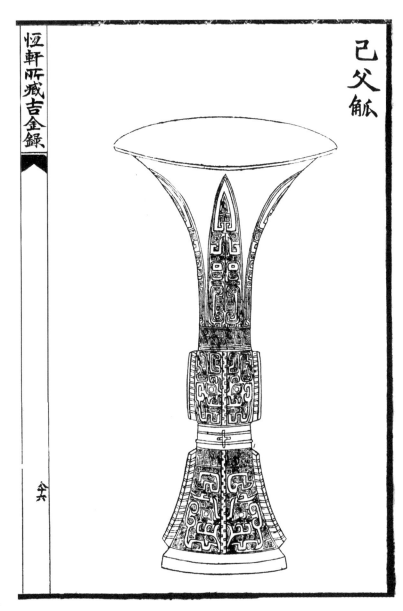

中兒良父盤

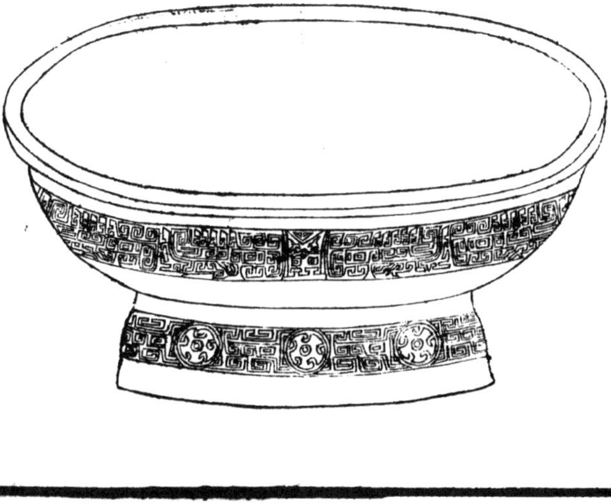

恒軒所藏吉金録

金七

宗婦盤

恒軒所藏吉金録

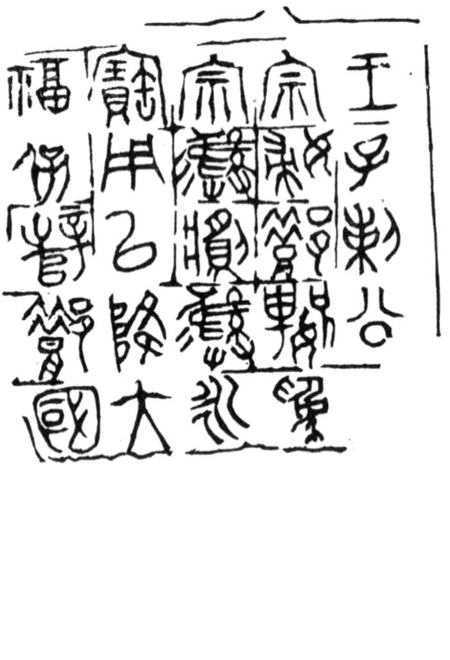

尖

父辛殘盤

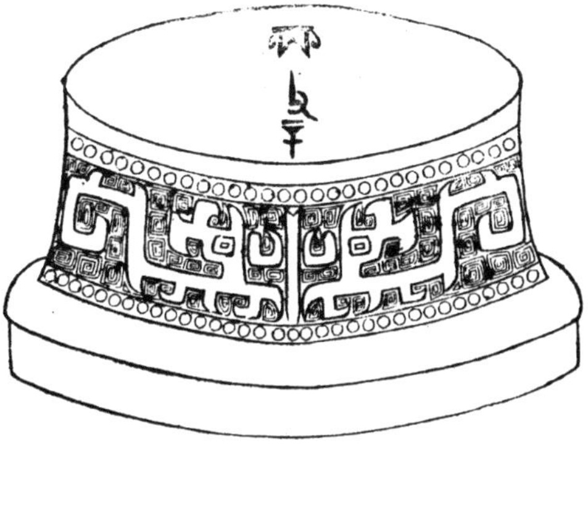

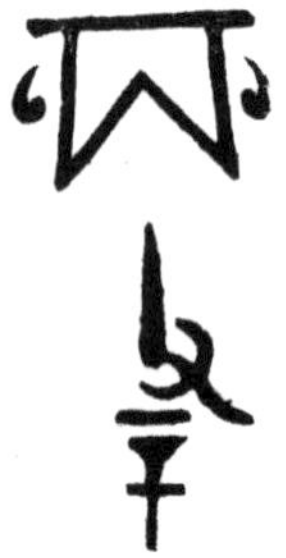

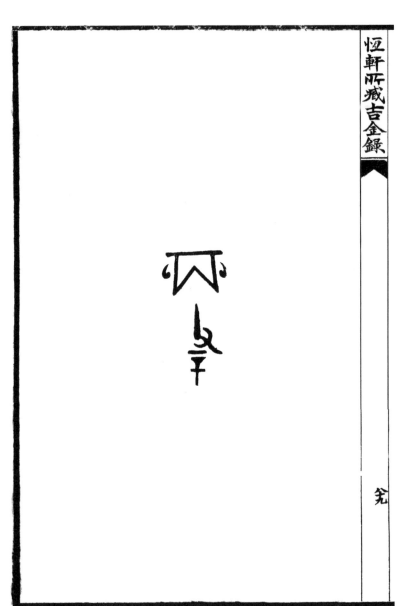

𣏟男父匜

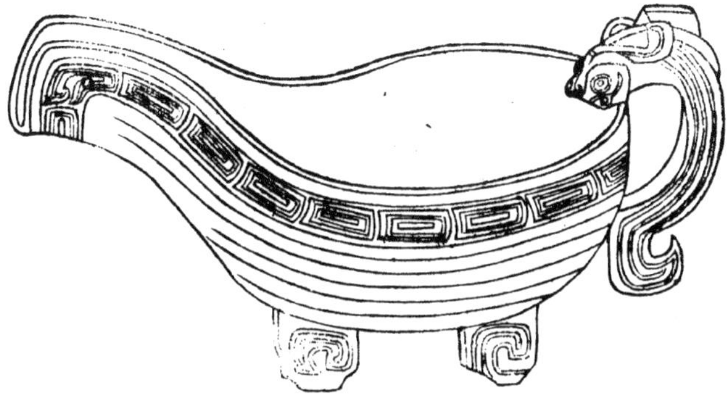

恆軒所藏吉金録

卆

季良父簠

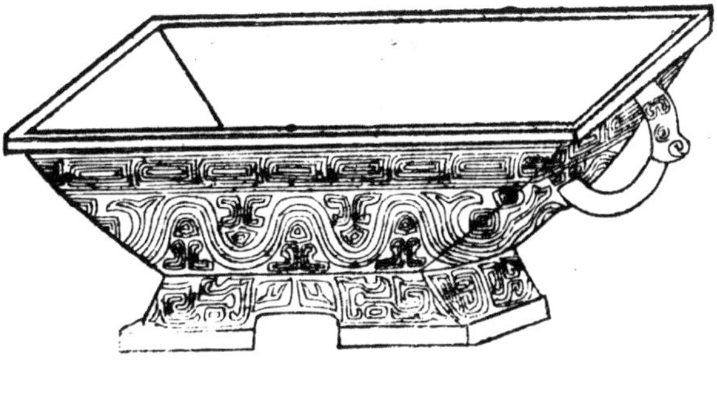

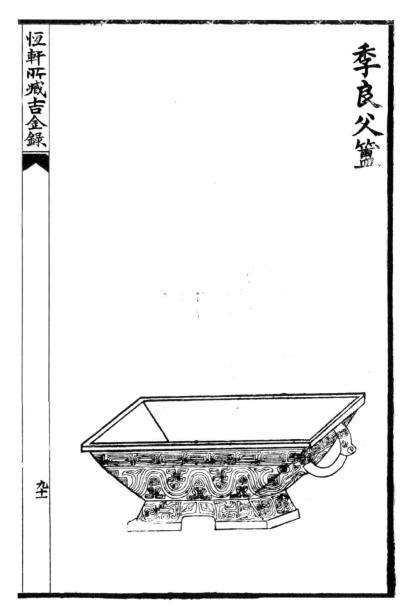

恒軒所藏吉金録

𨰻王盉

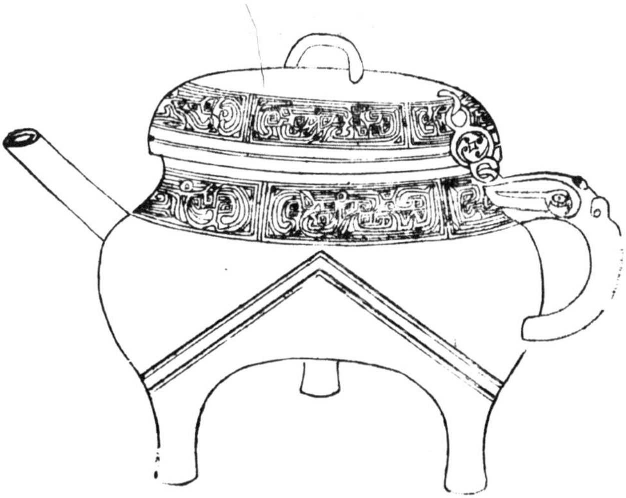

季良父盉

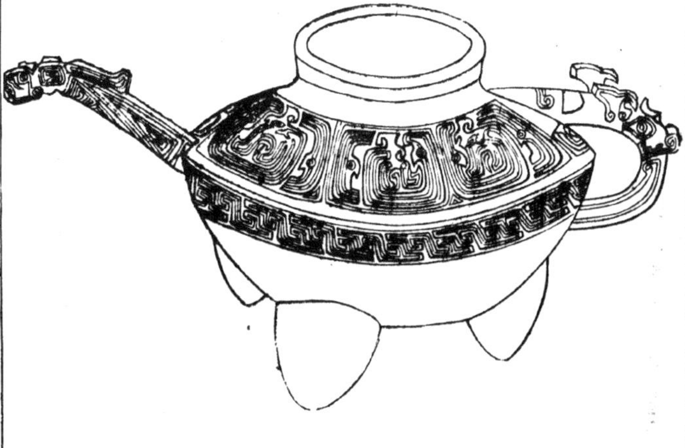

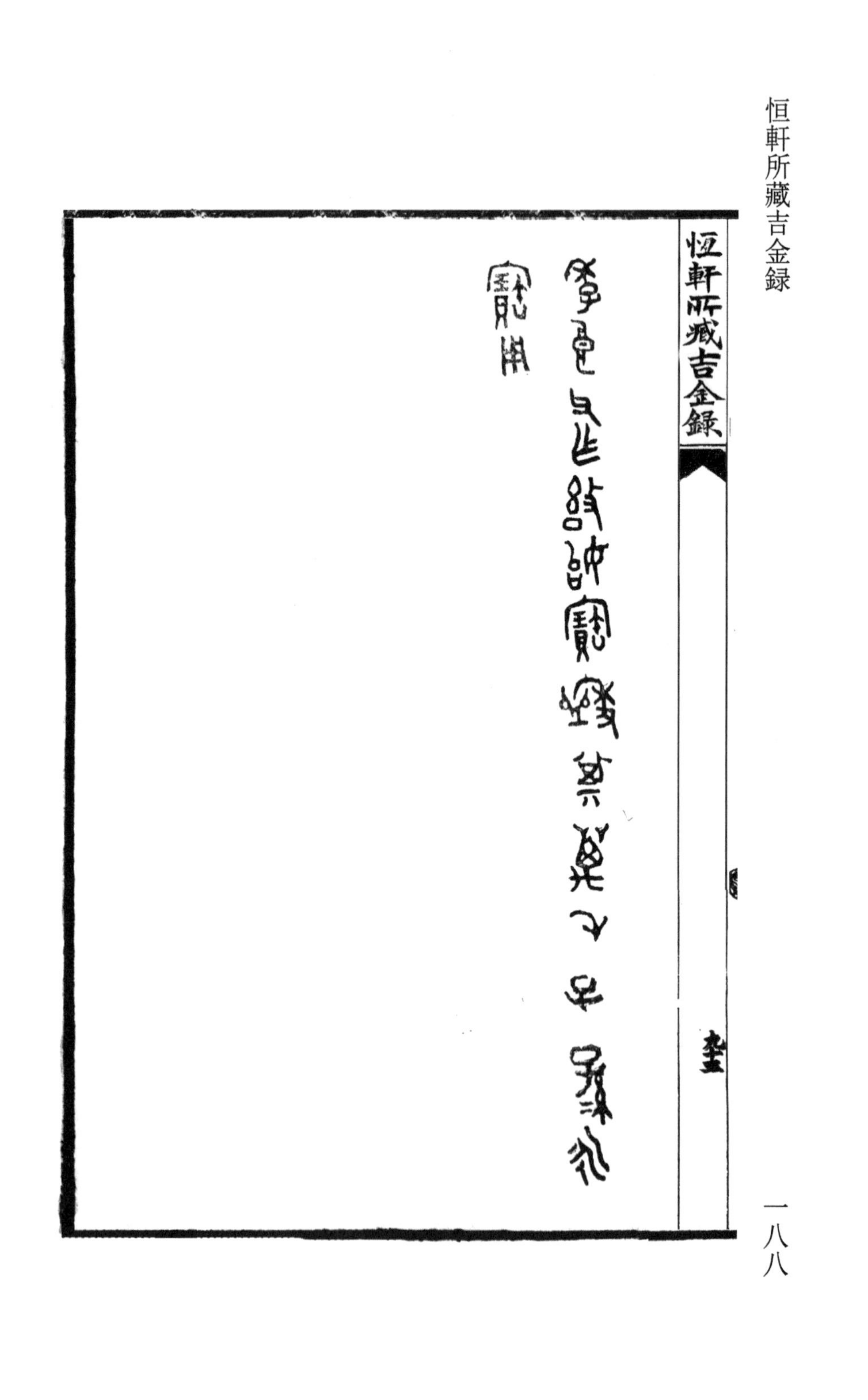

恒軒所藏吉金録

壺

召中鬲

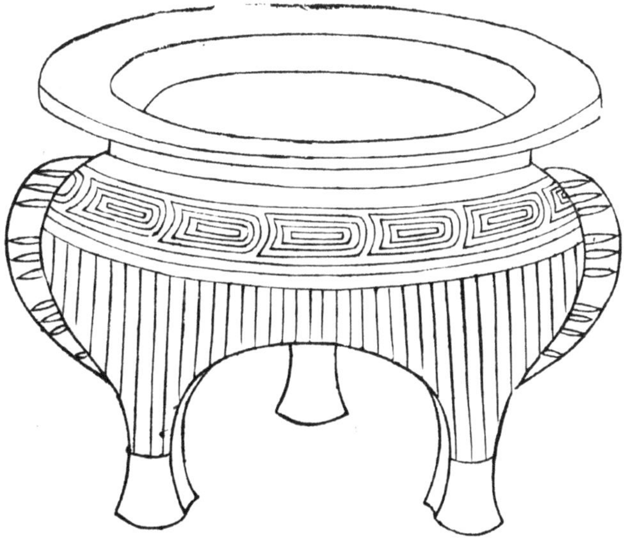

吉中乍生仲鼎鬲其子=孫=
永寶用

齊婦鬲　袁筱塢閣學藏器

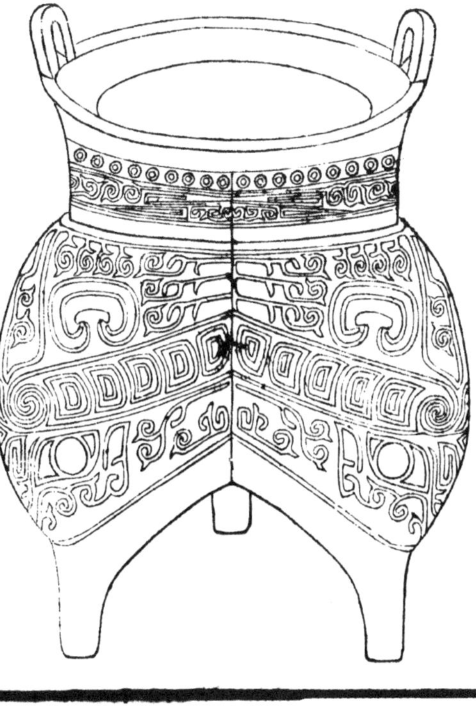

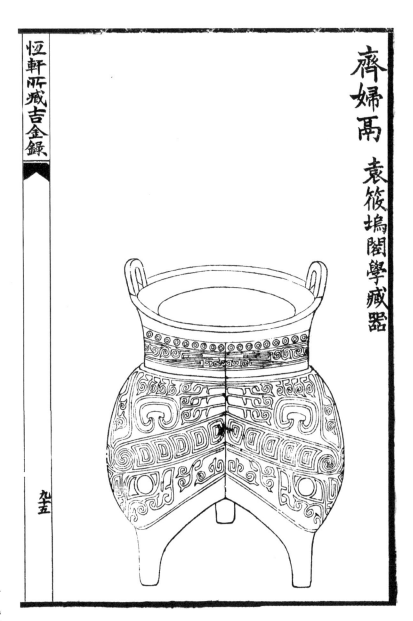

芮公鬲

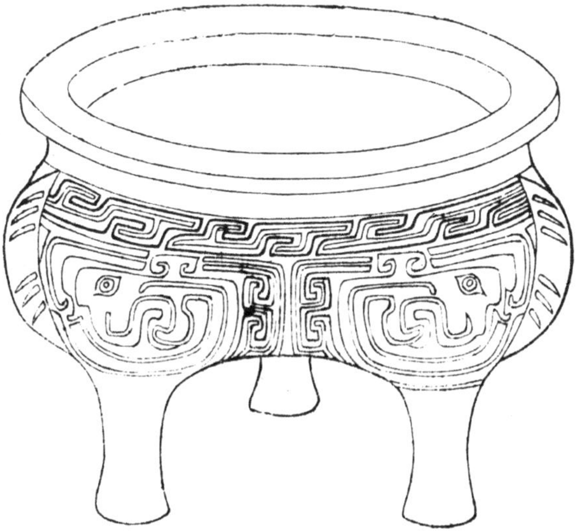

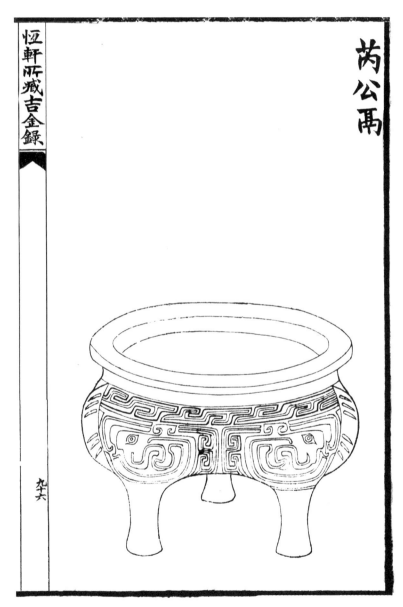

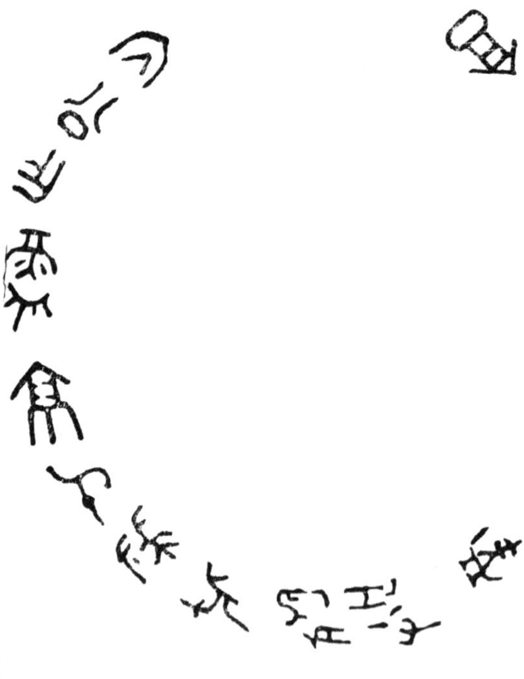

祭姬鬲

李勤伯太守藏器

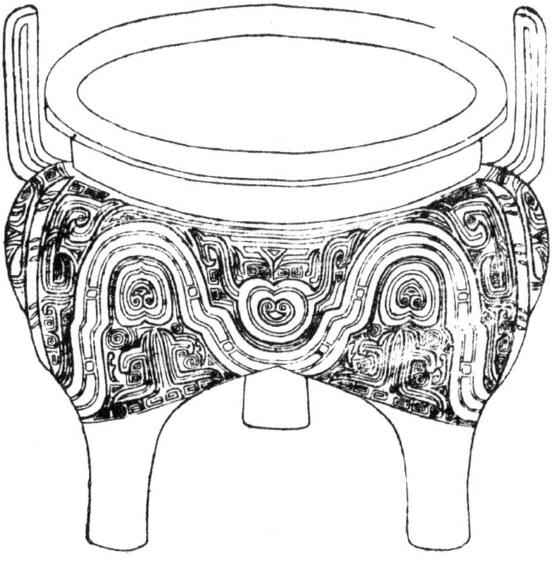

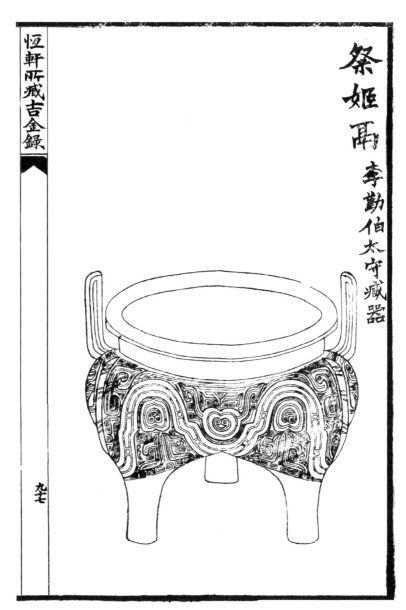

恒軒所藏吉金録

亞形父丁甗

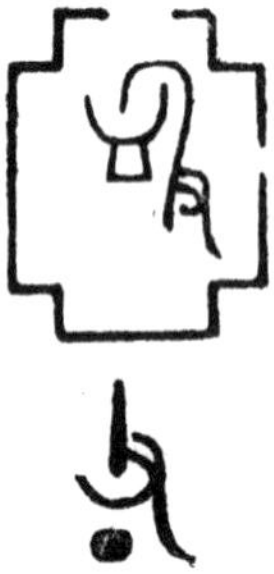

父癸甗

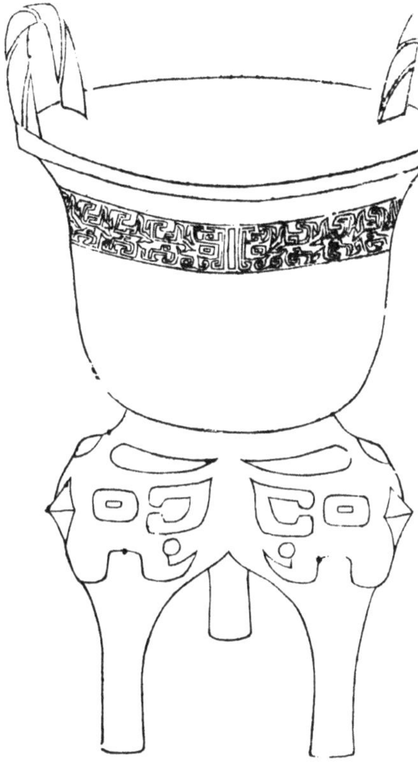

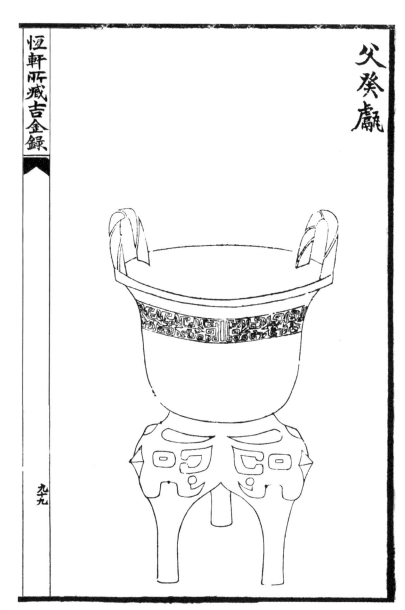

恒軒所藏吉金録

目形干形句兵

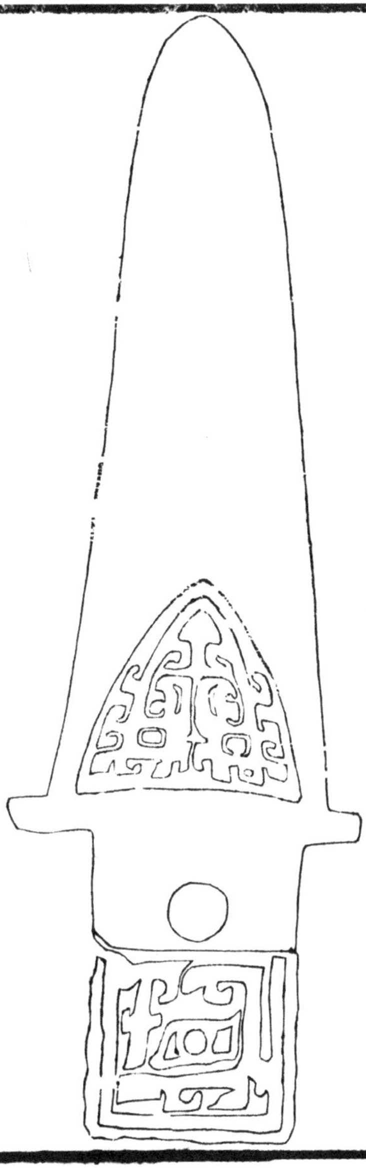

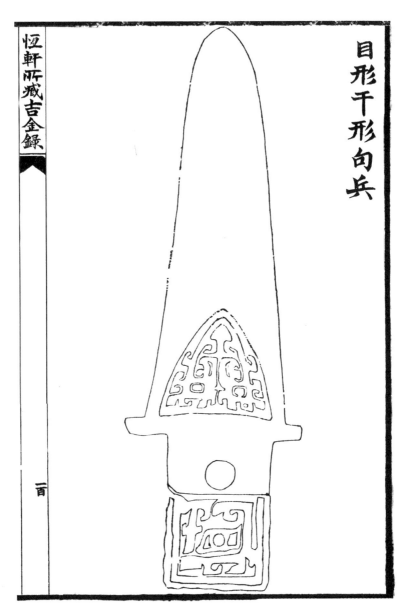

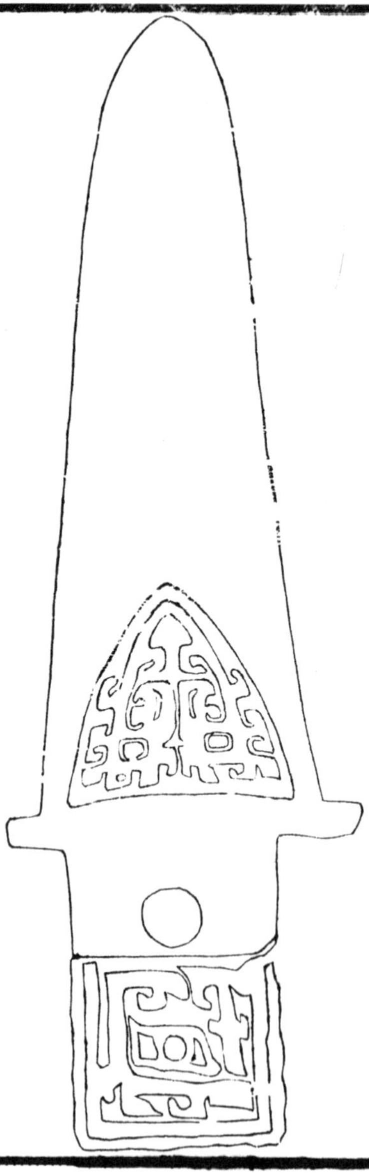

一百

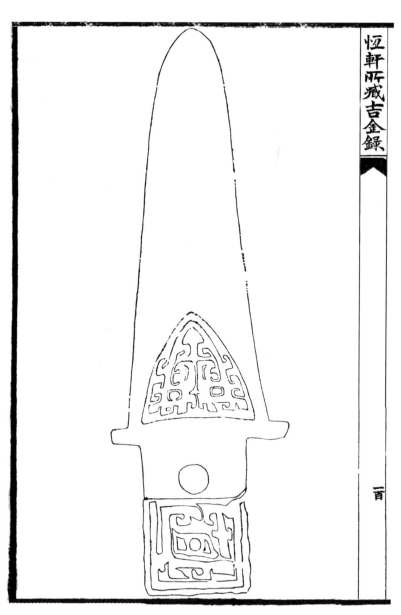

乙癸丁戈

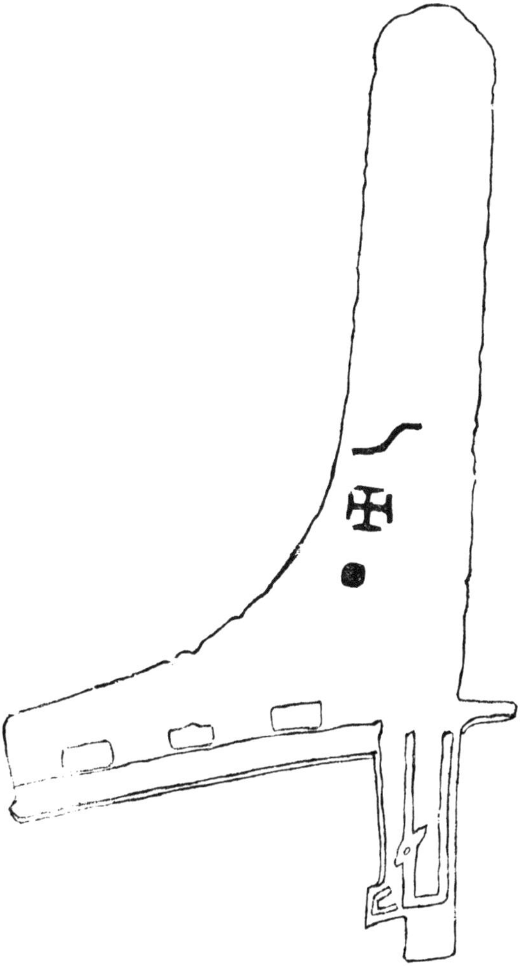

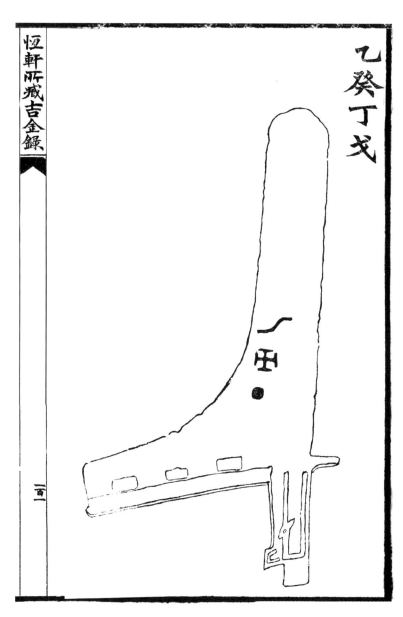

秦銅量 始皇詔

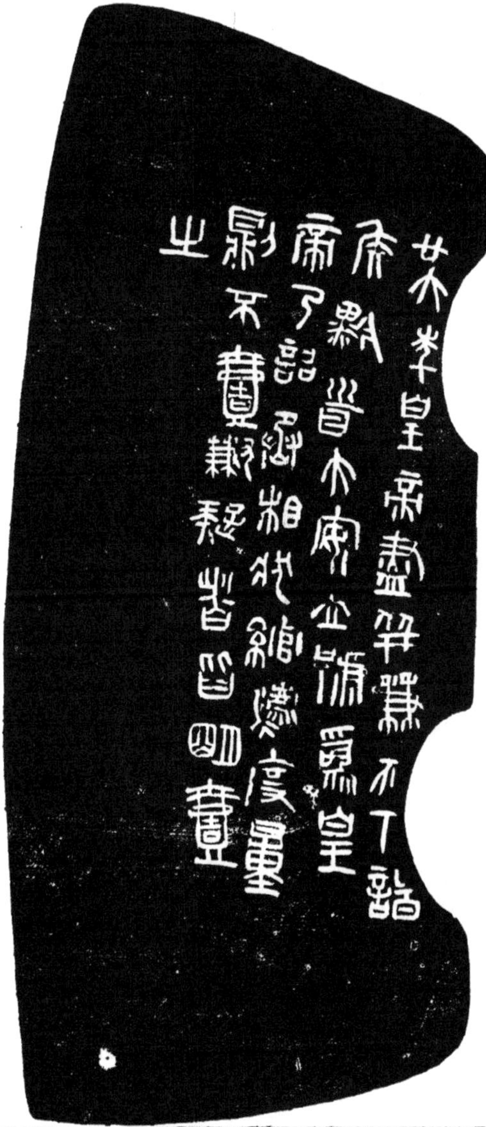
廿六年皇帝盡并兼天下諸
侯黔首大安立號為皇
帝乃詔丞相狀綰法度量
則不壹歉疑者皆明壹
之

二世詔刻左

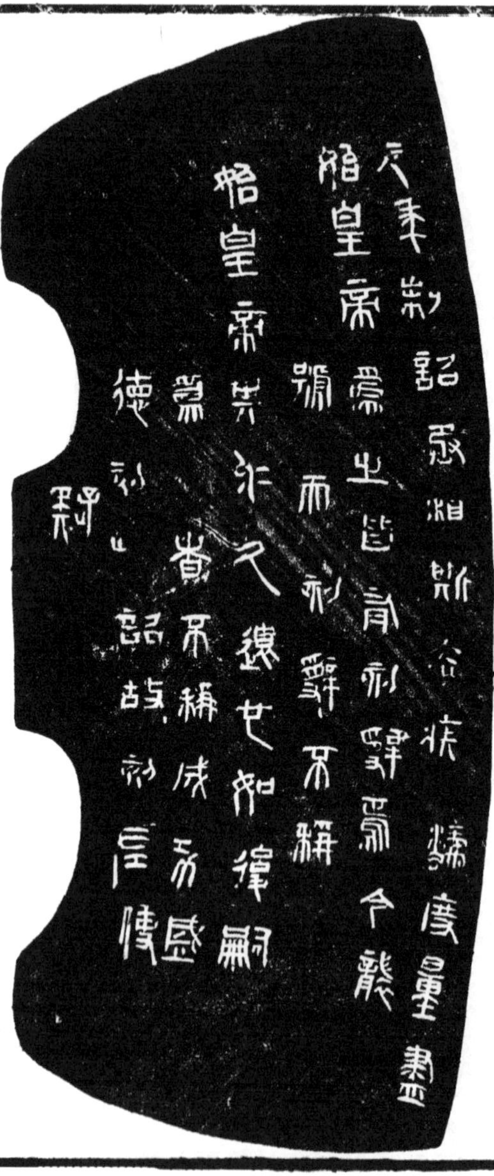

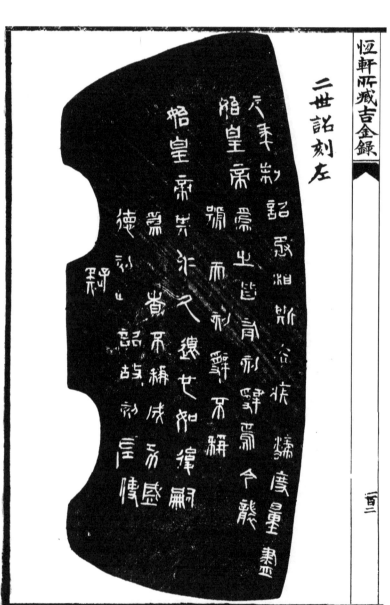

秦量詔版

始皇詔

秦量詔版

二世詔

恒軒所藏吉金録

一百

盞厘鼎

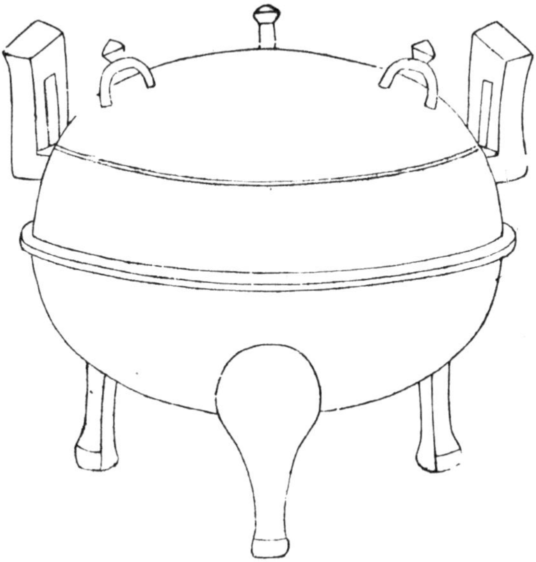

小一二又鼎盖

建一二　三元十三

盉屋芈鼎盒五年

重廿八斤益　廿一

山阝造

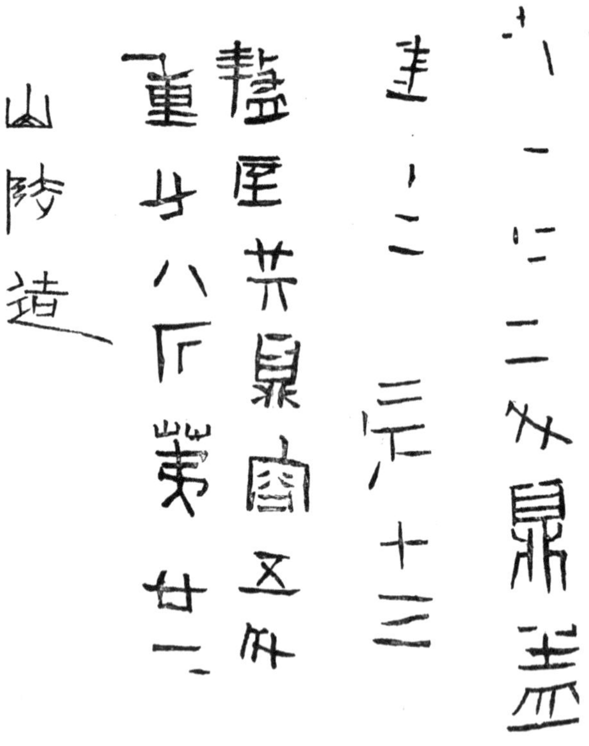

長楊鼎

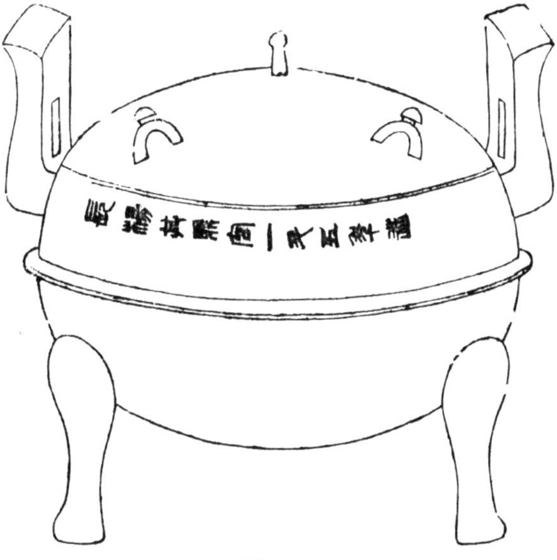

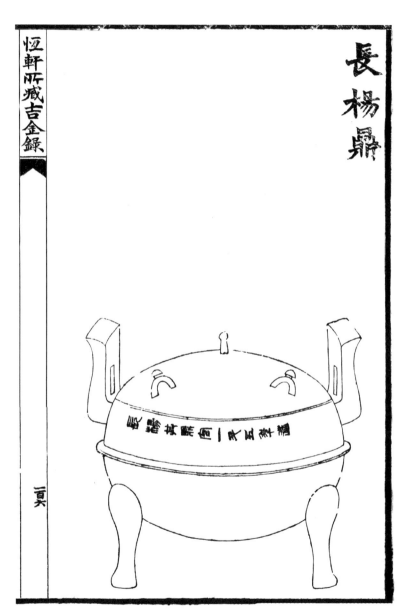

恒軒所藏吉金録

長楊共鼎容一斗五年識

一頁

新成鼎

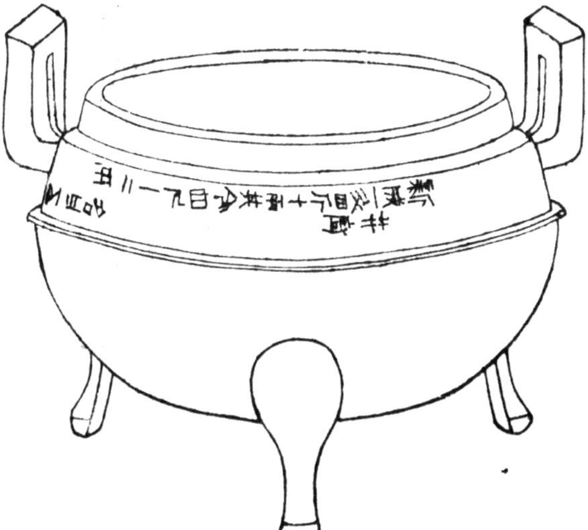

新成井廚二又四斤十甬共今四□二丌

台甘廾

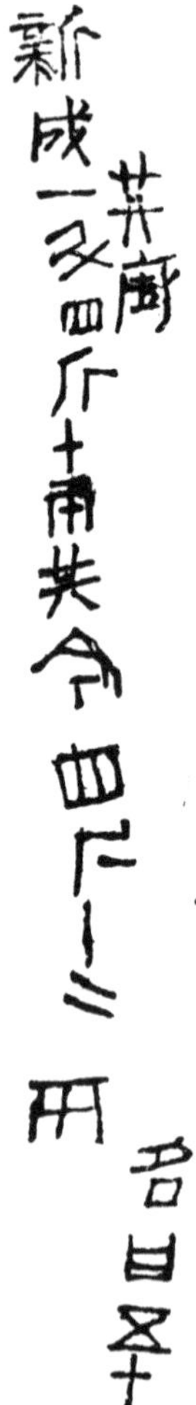

安陵鼎蓋

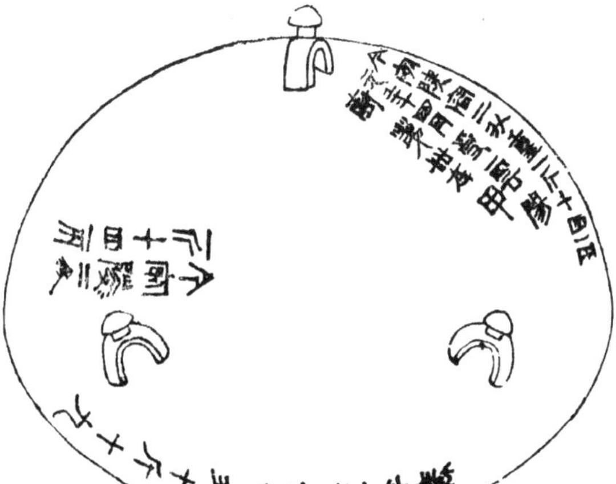

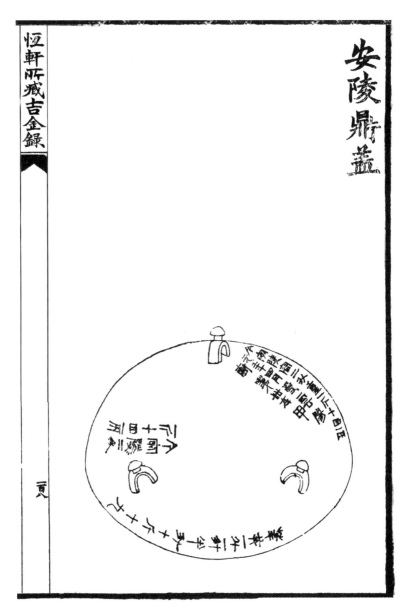

囂卅一升升牛升 十斤十七

介商陵 二斤 一斤十四兩

今南陵官三㐱重一斤十四兩
元年四月夏庚勝
寢𧰼卅本甲

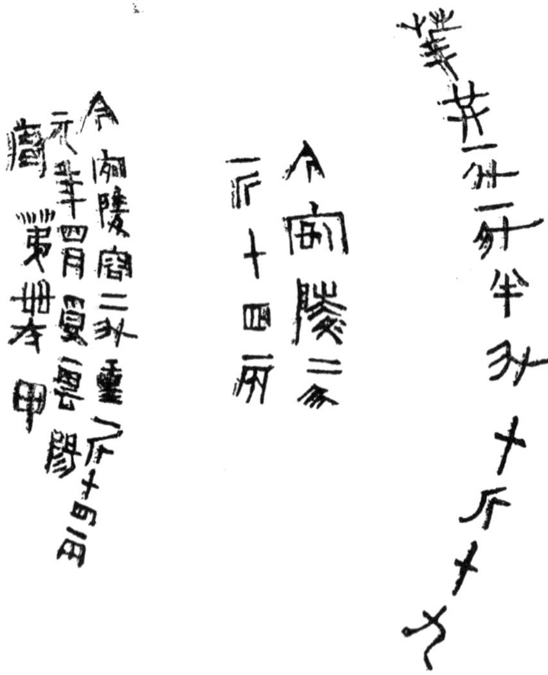

杜陵東園鍾

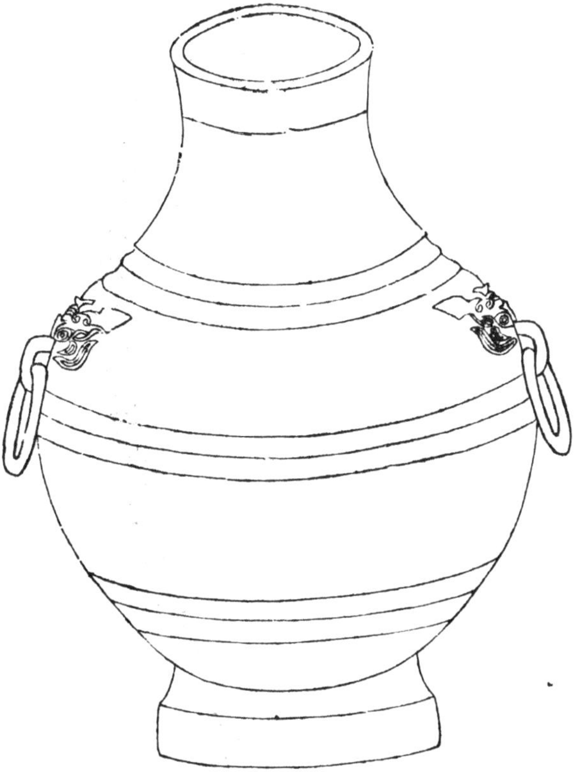

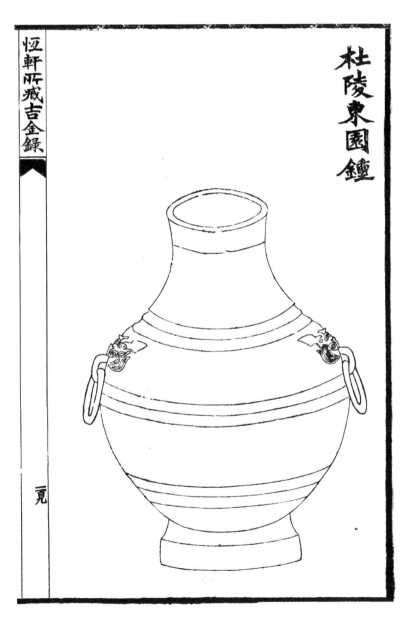

恒軒所藏吉金録

一頁

第一到十六元始元年供工長造護昌守嗇夫宗習通

杜陵東園銅鍾容三

主左丞博令並省

建平鈁

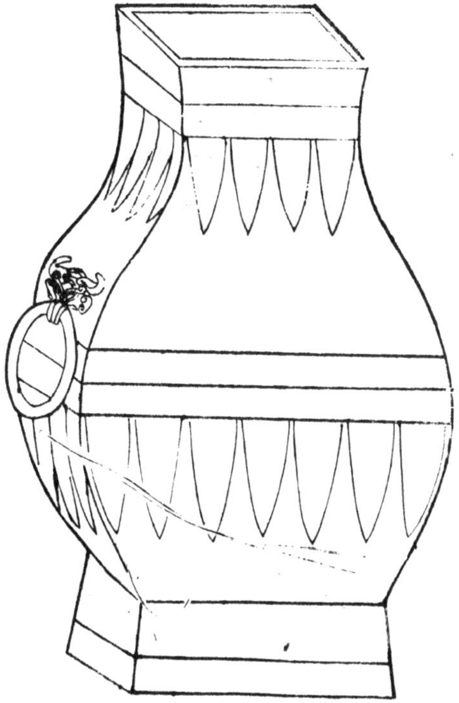

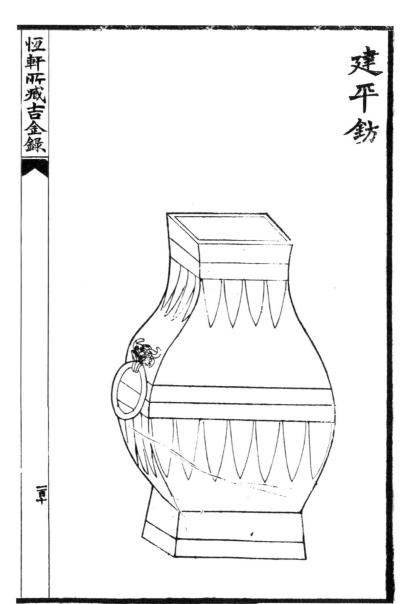

銅鈁閣六升重卅六斤建平
二年供工〻昌造

千四鈁 陽識

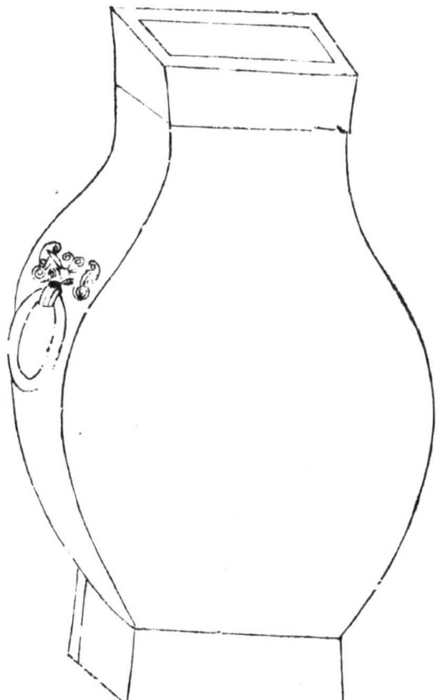

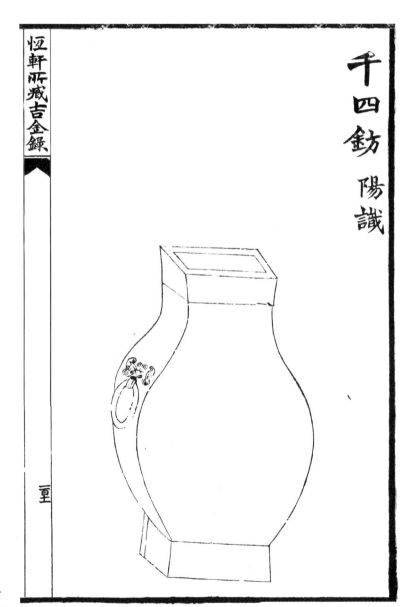

恒軒所藏吉金録

器内

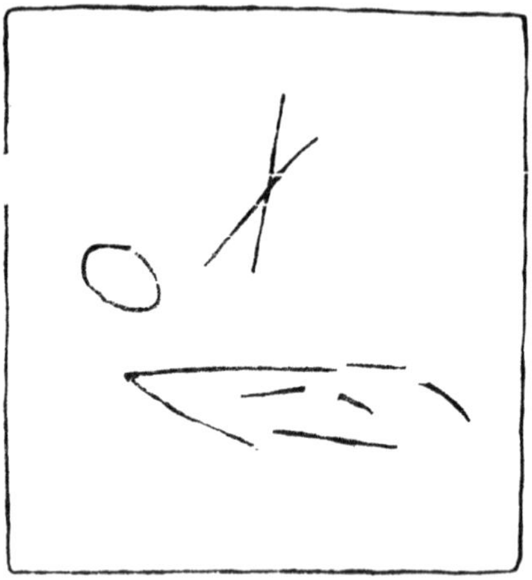

器底

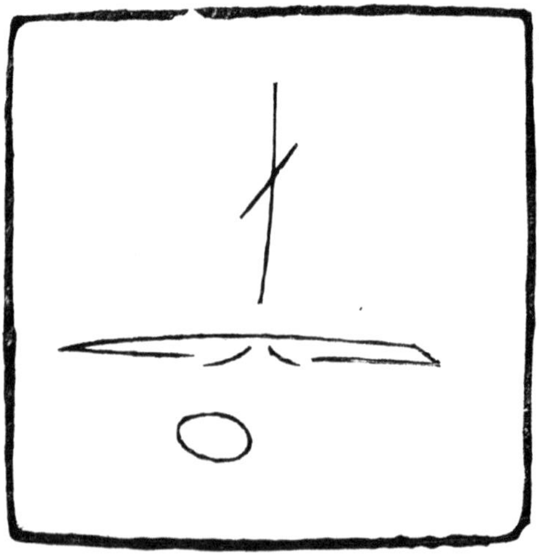

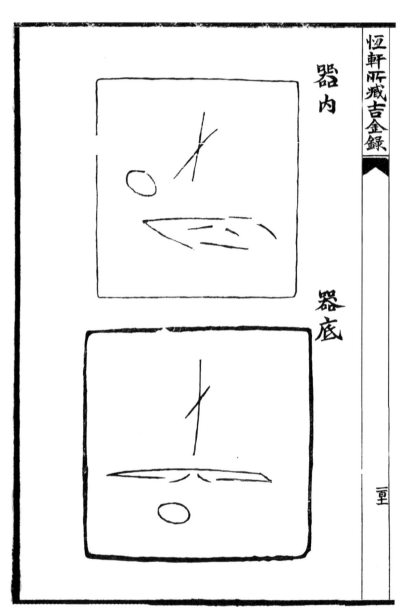

日入大万壺

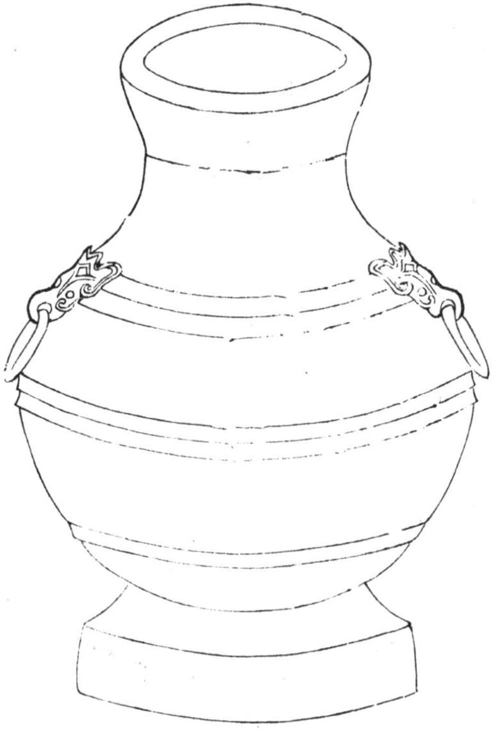

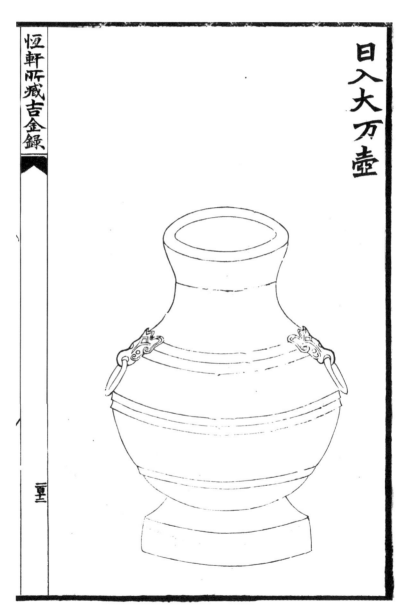

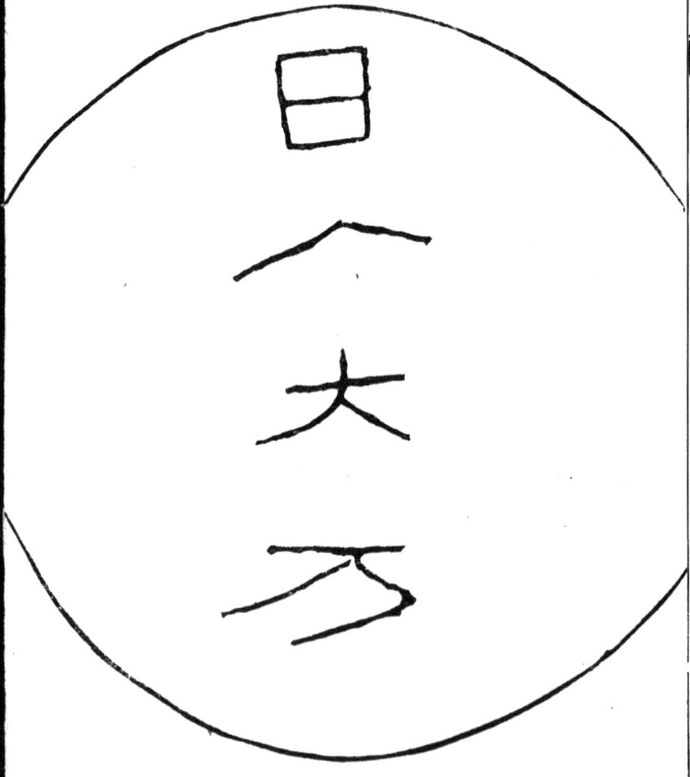
日
入
大
万

日入八千壺

李勤伯太守藏器

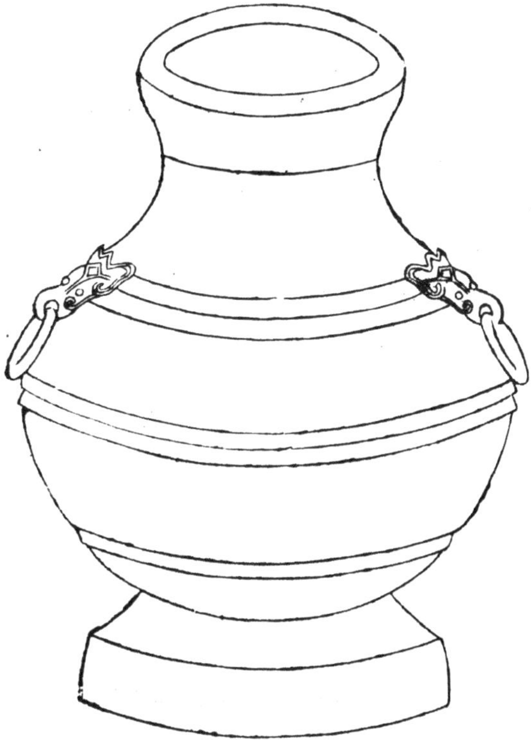

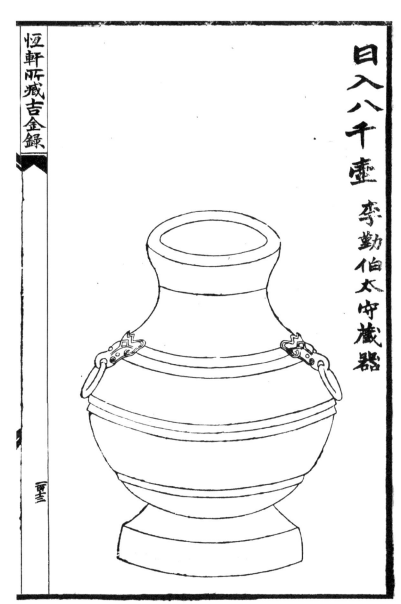

恒軒所藏吉金録

王壺 陽識

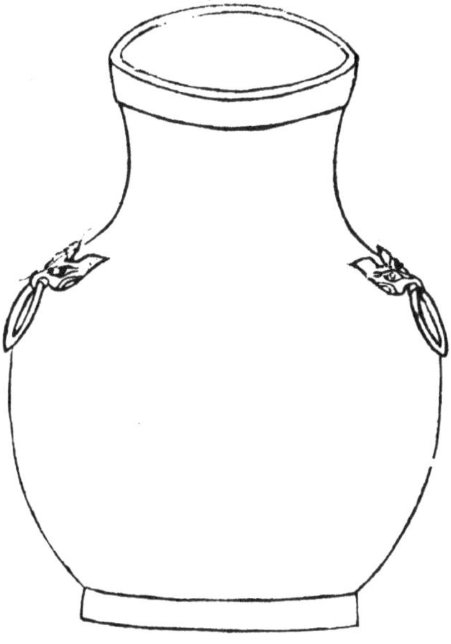

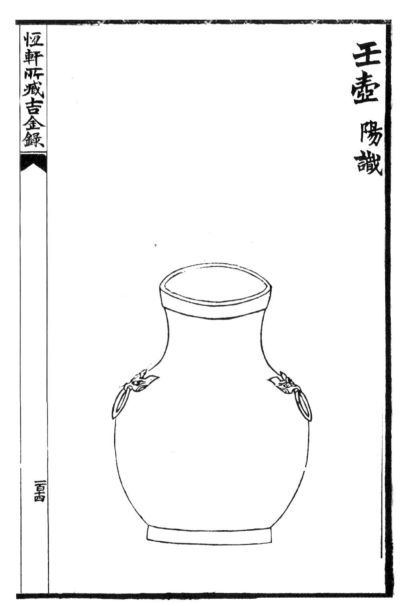

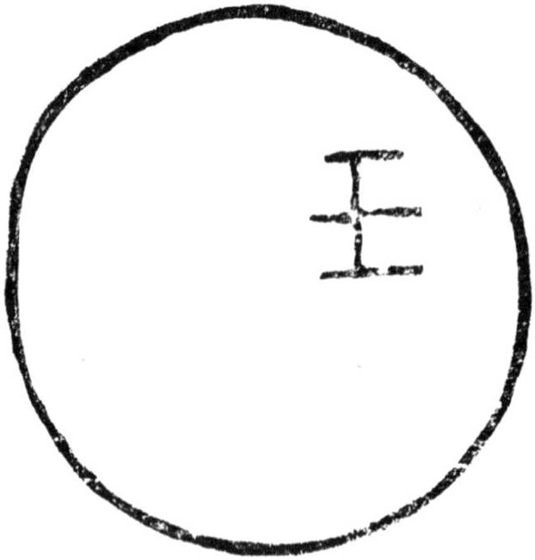
王

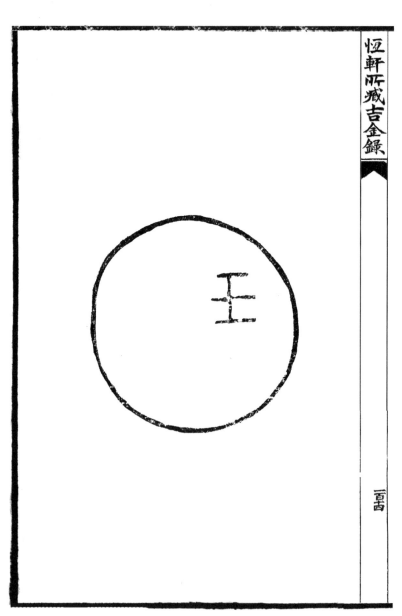

萬金壺 蒲城楊氏藏器

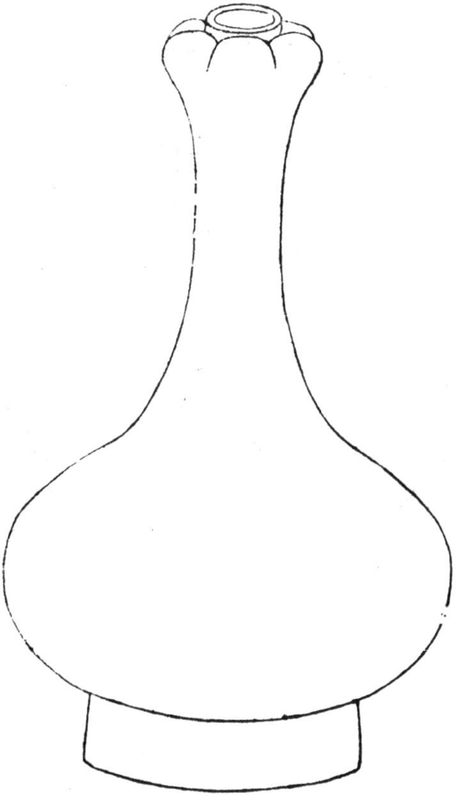

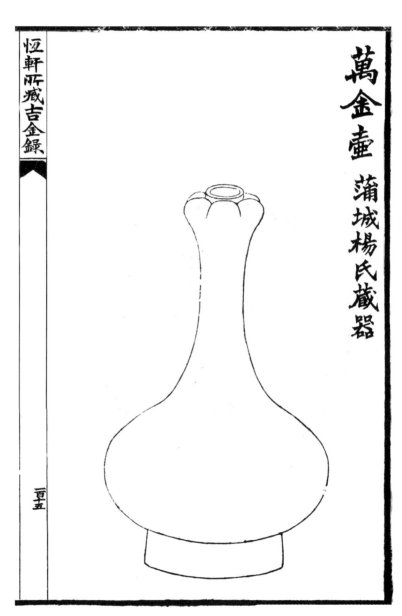

平陽甗

李勤伯太守藏器

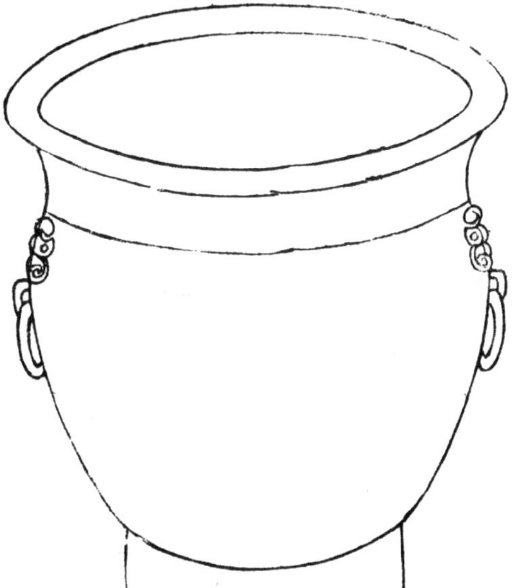

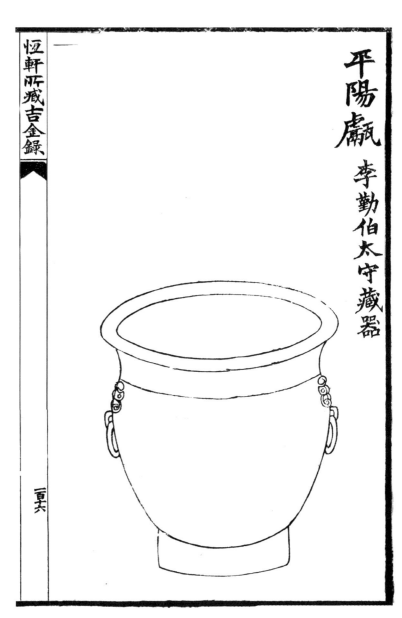

其三平陽英鏖鼒一 容二外八升

重十斤六兩二

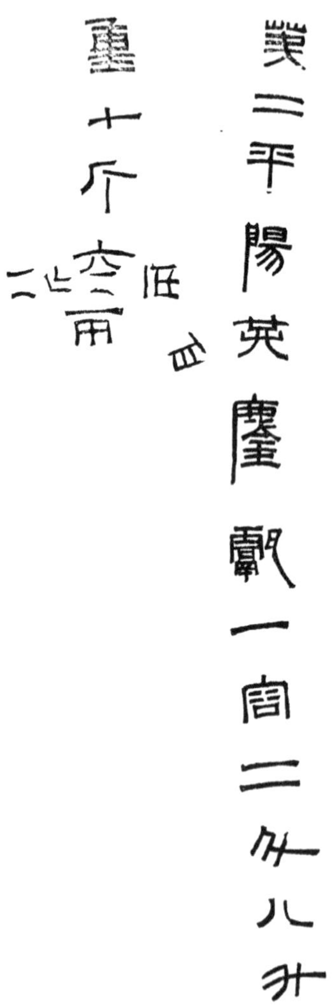

宜子孫鐙

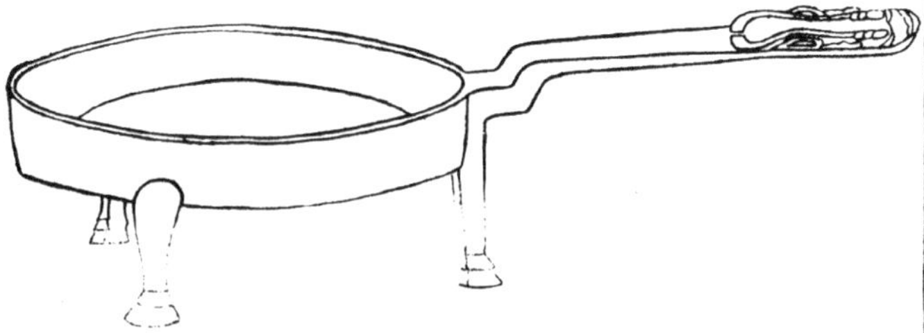

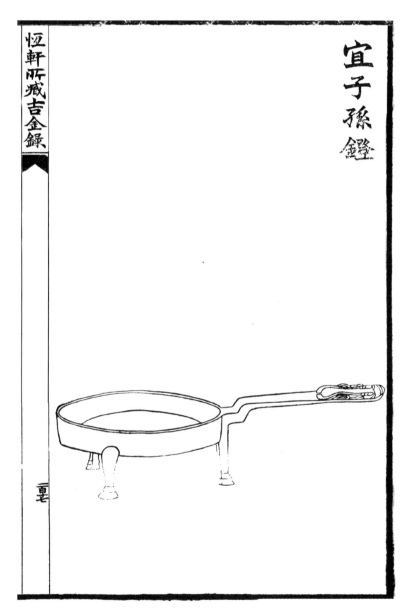

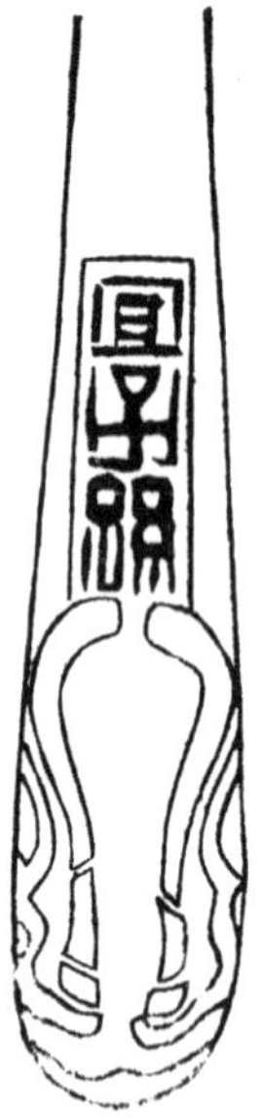

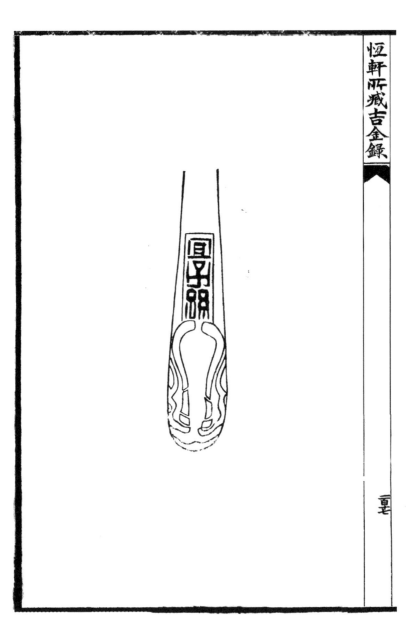

延光洗

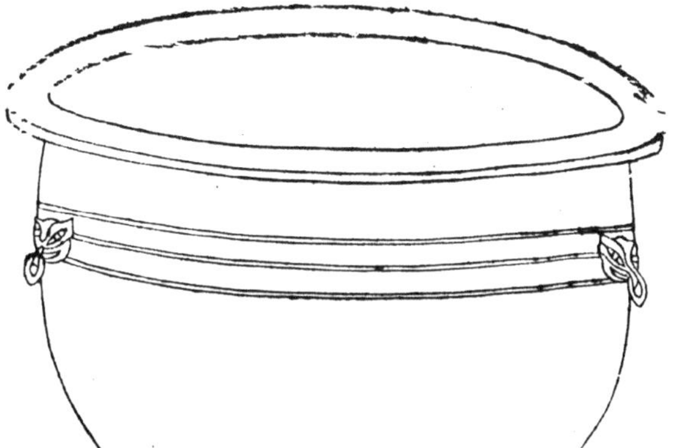

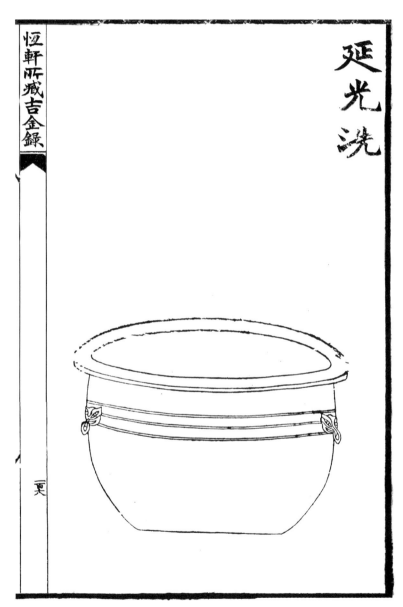

恒軒所藏吉金録

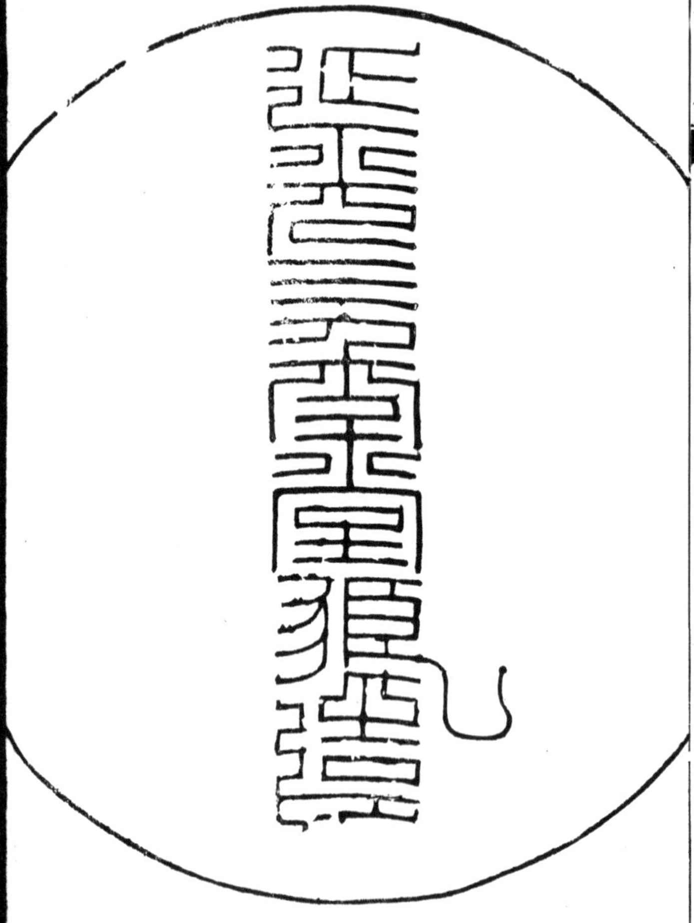

一百六

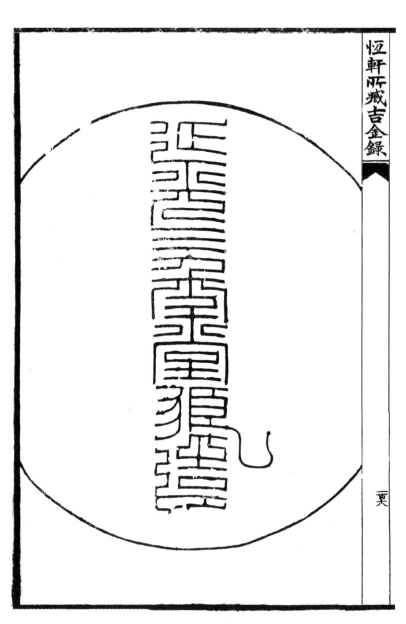

永和洗

蔣香生太守藏器

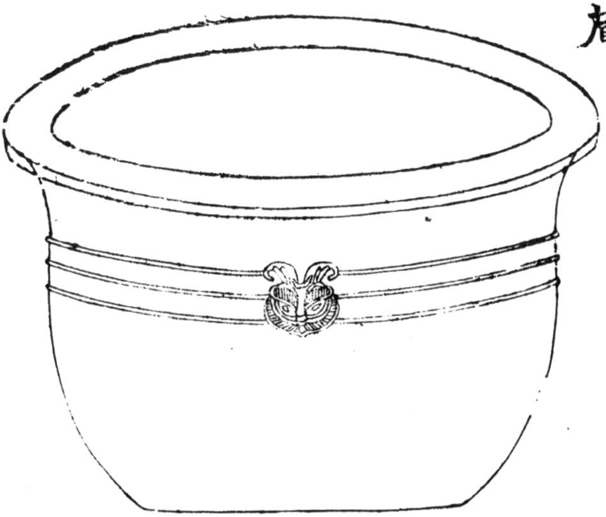

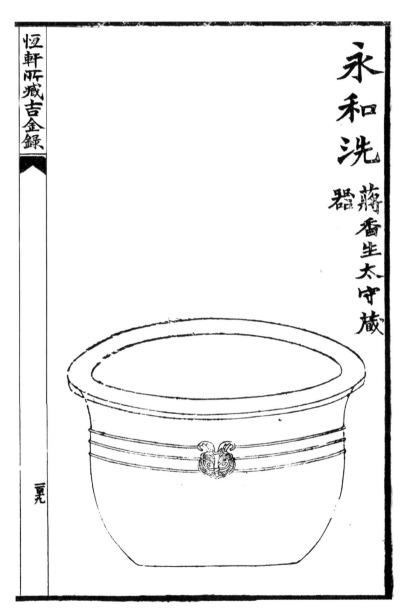

永元洗

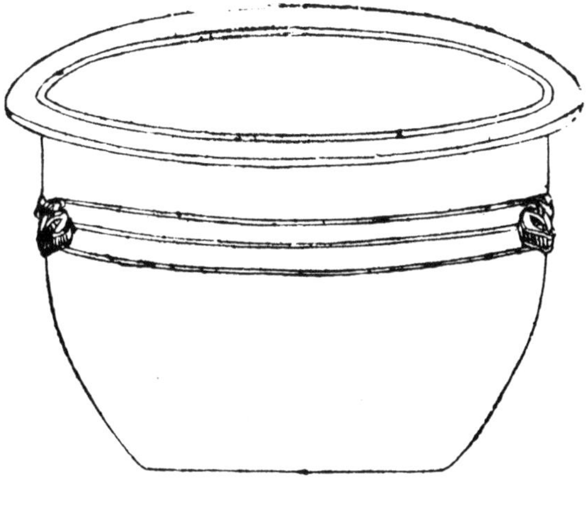

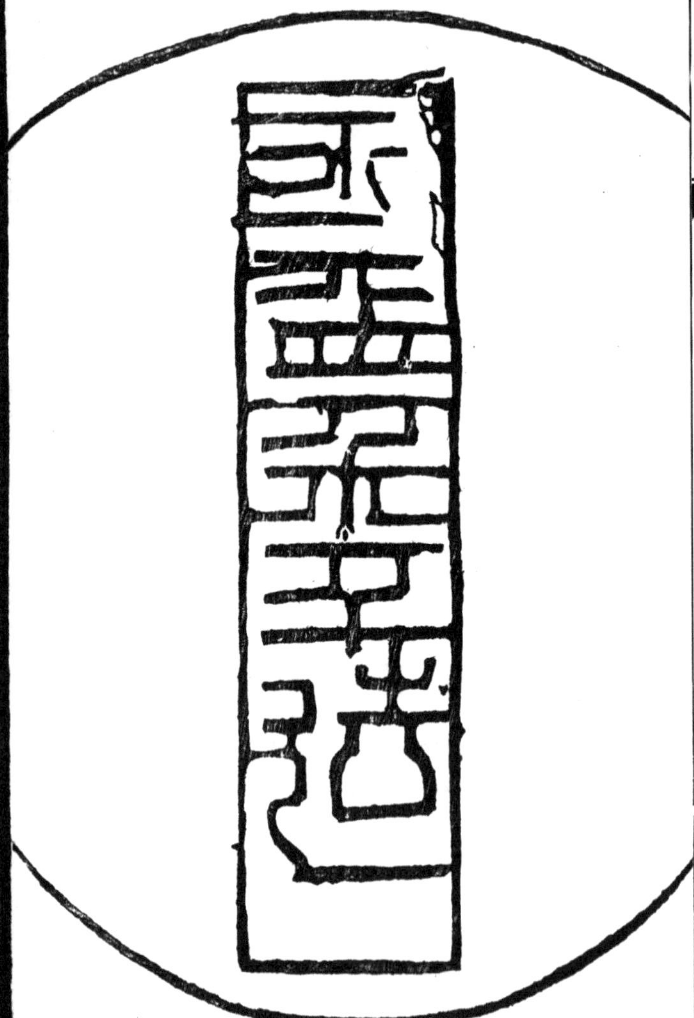

一百二十

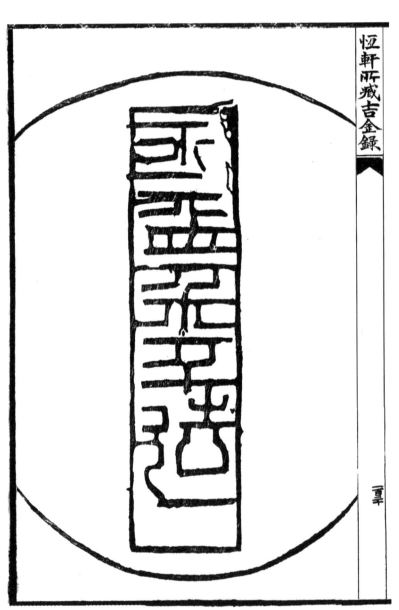

吉羊洗

蒲城楊氏藏器

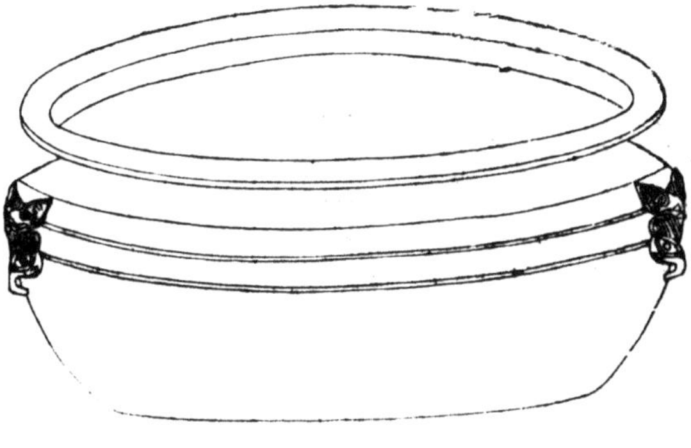

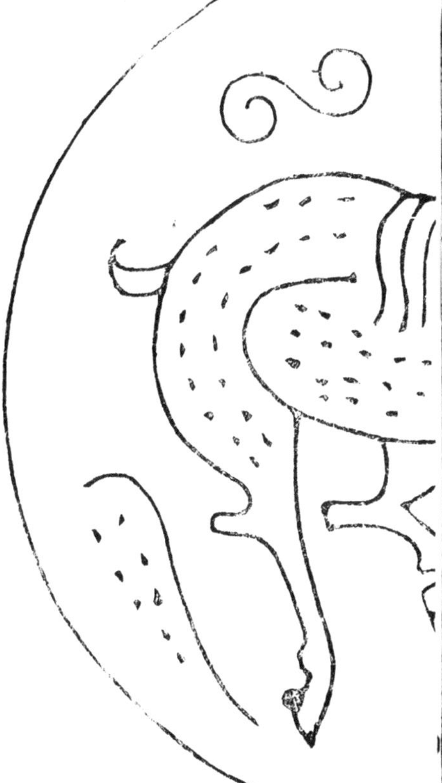

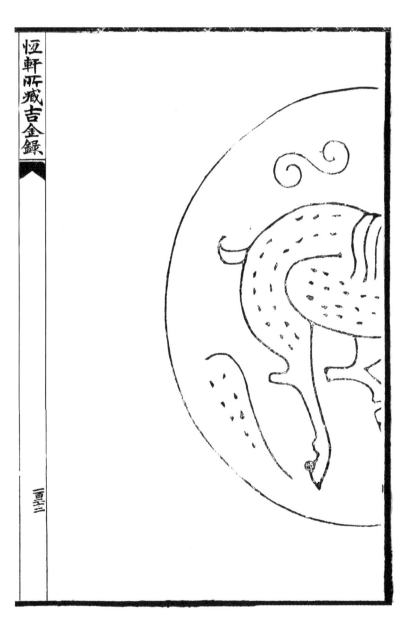

泗水王虎符 塗金錯銀字蒲城楊氏所藏

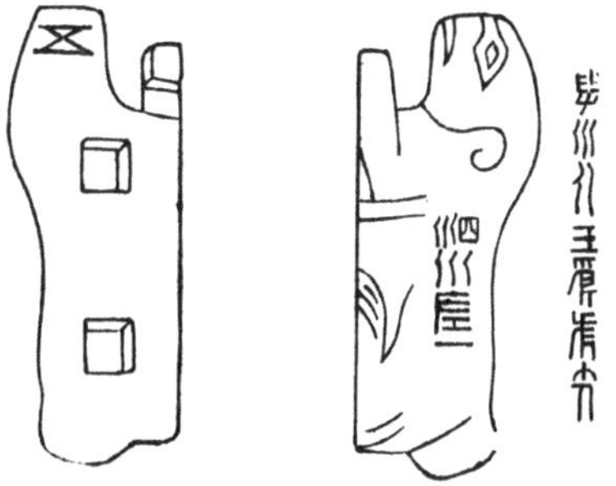

長沙太守虎符

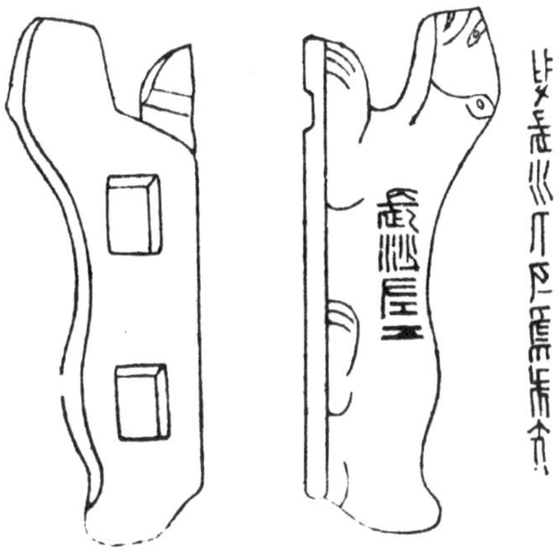

恒軒所藏吉金録

一百十四

建興弩機

蒲城楊氏藏器

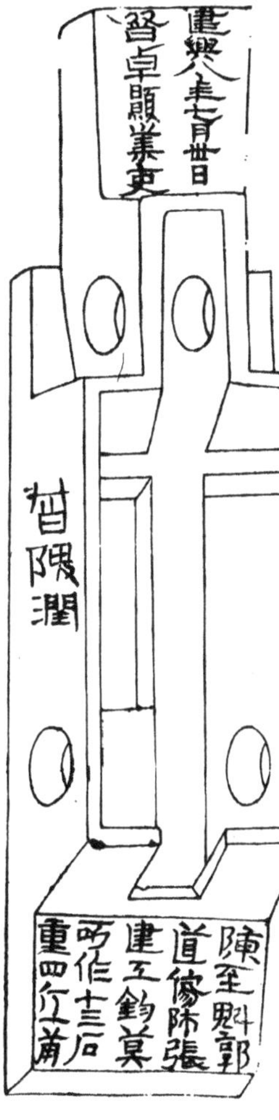

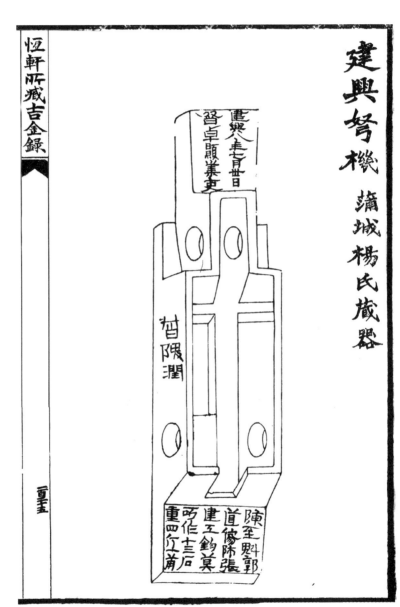

恒軒所藏吉金録

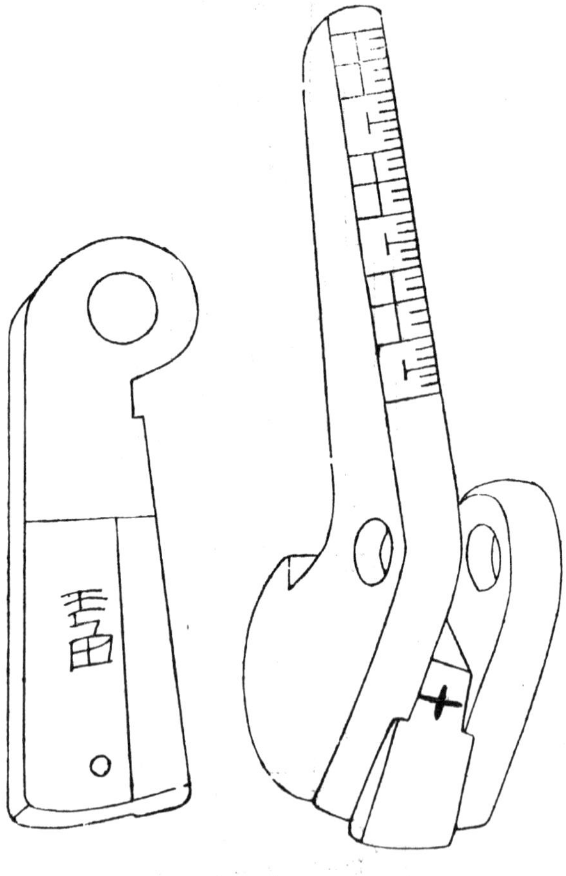

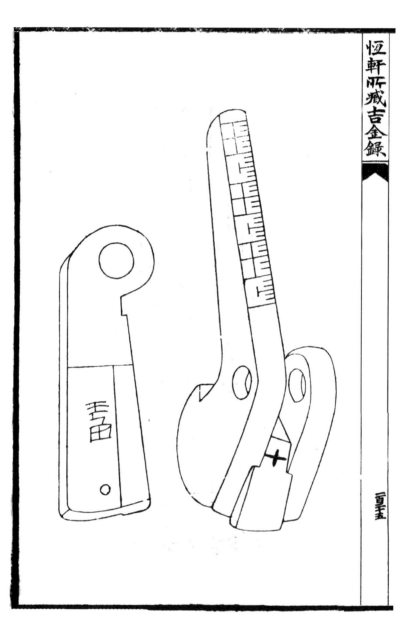

斗檢封

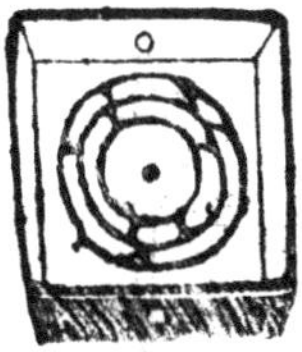

龍蛇辟兵鉤

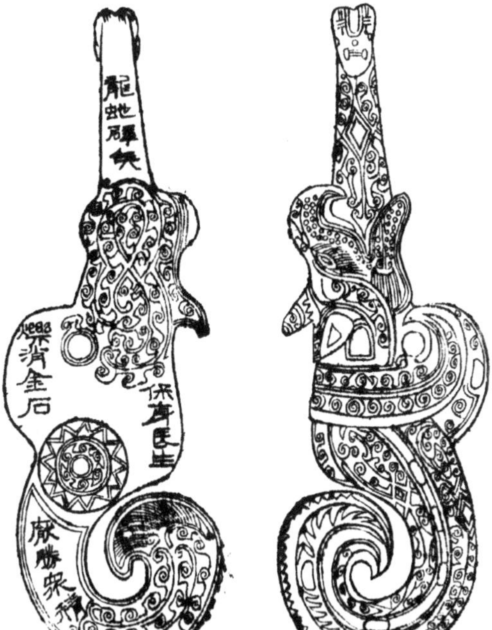

恒軒所藏吉金録

左將軍鉤

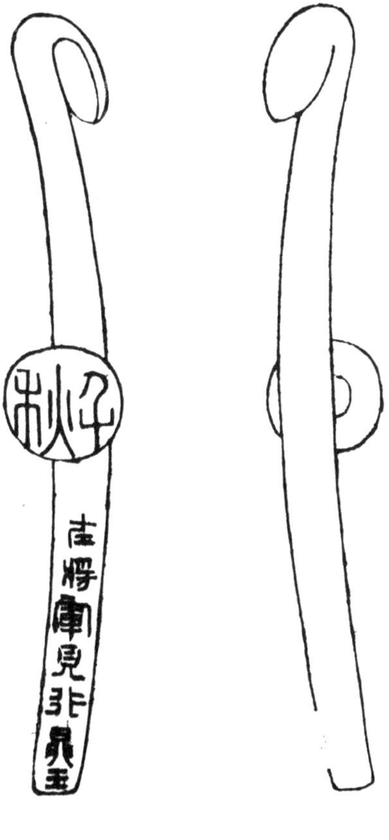

長生大富鉤

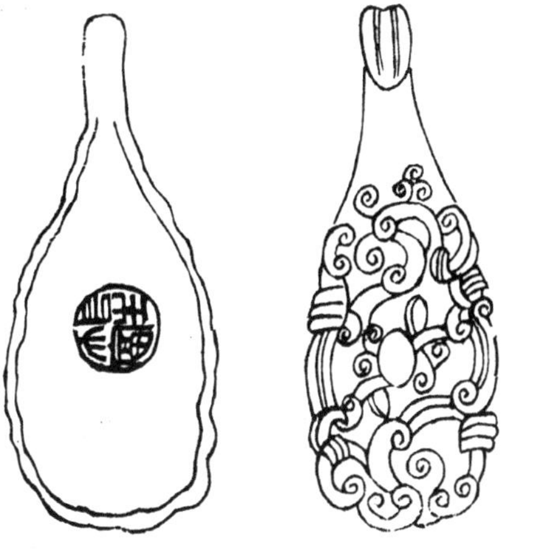

富来鉤

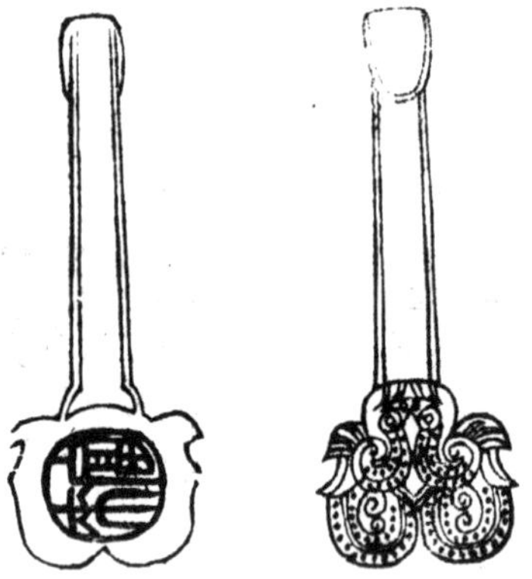

生字鉤

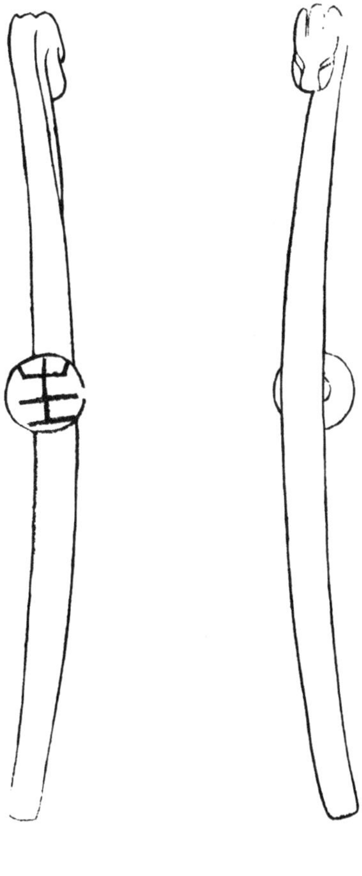

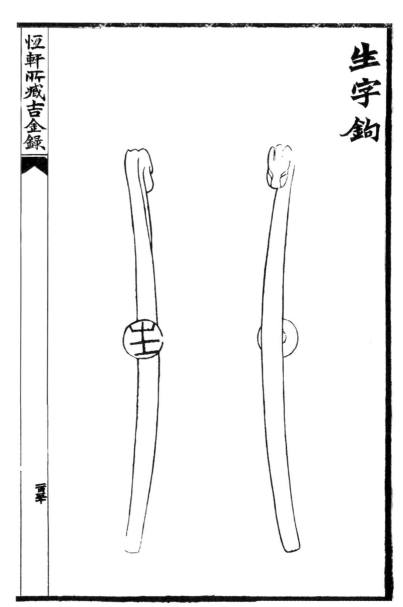

恒軒所藏吉金録

蠟封印鉤

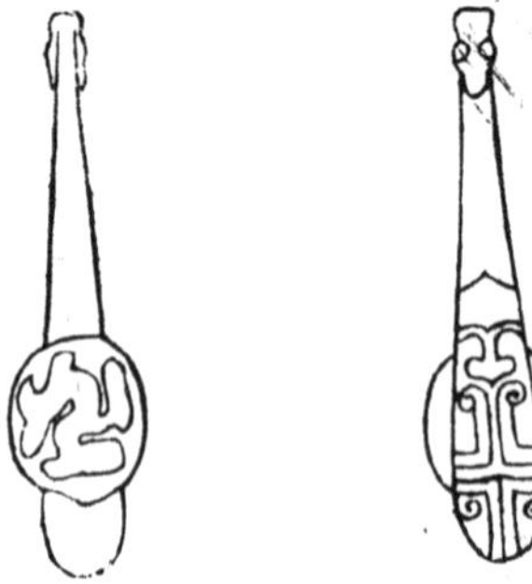

千金氏字器

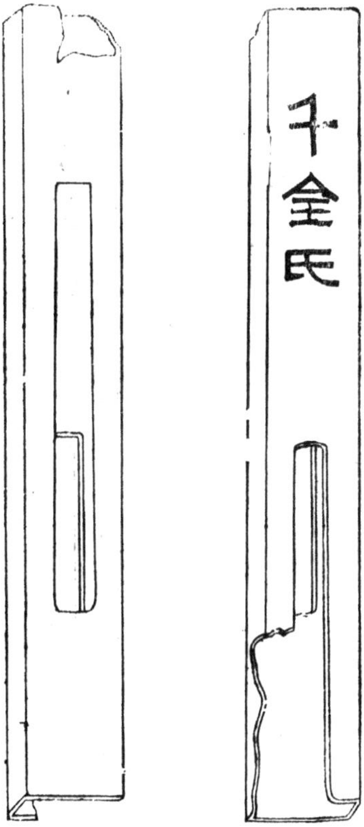

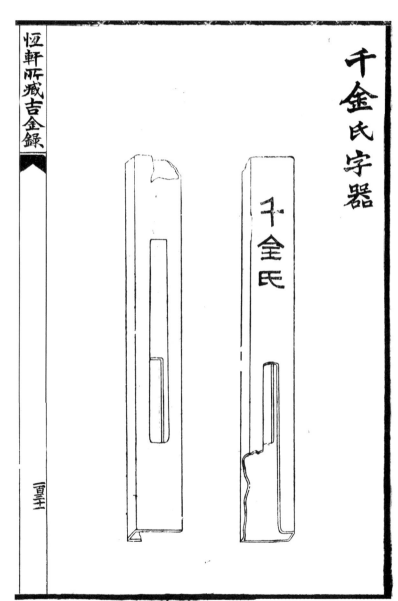

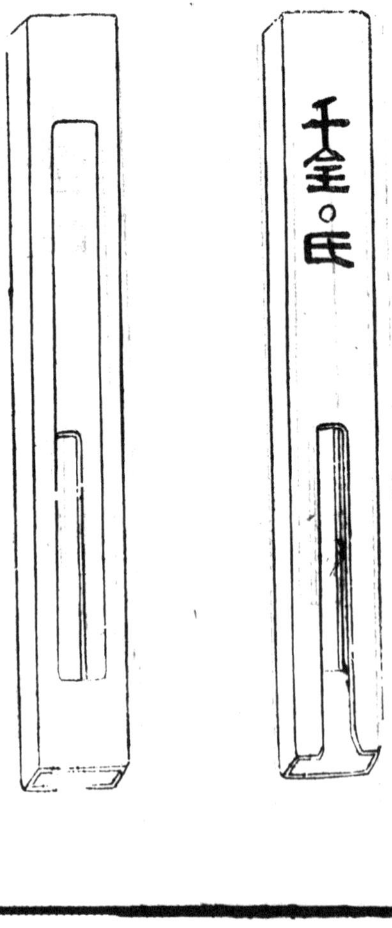
千全○氏

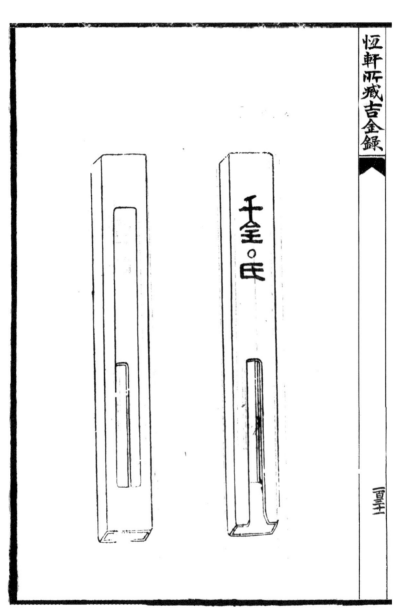

大吉利宜牛犢鐸

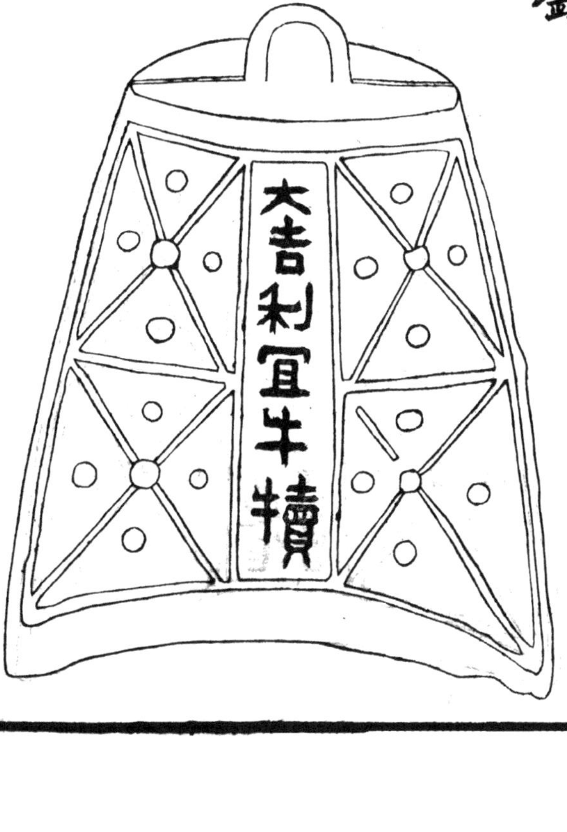

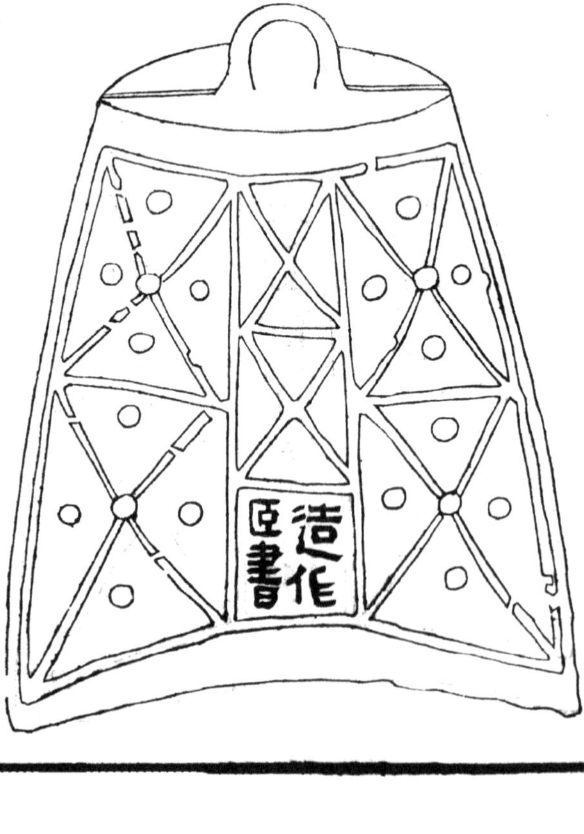

一百五二

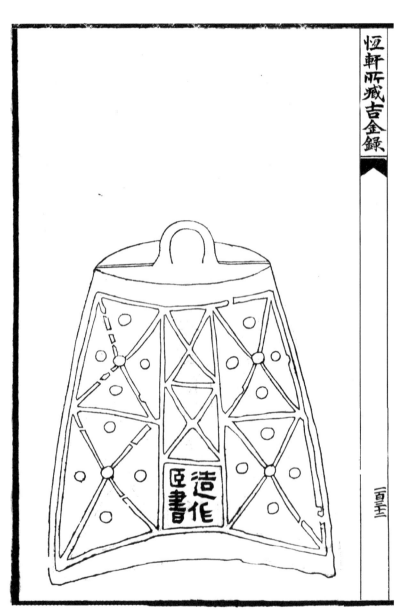

宜子孫鐸

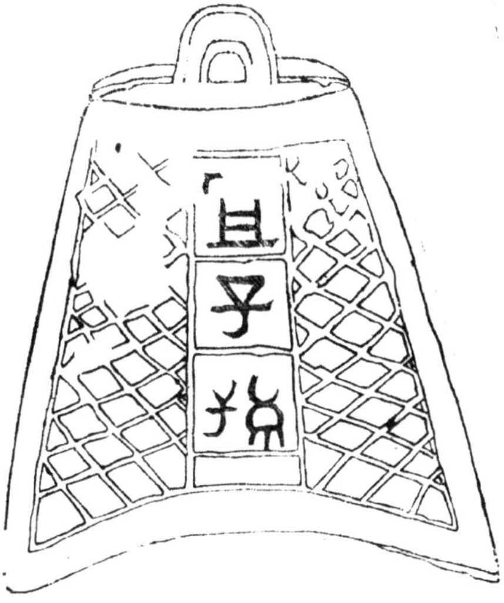

大吉利

大吉宜牛馬鈴

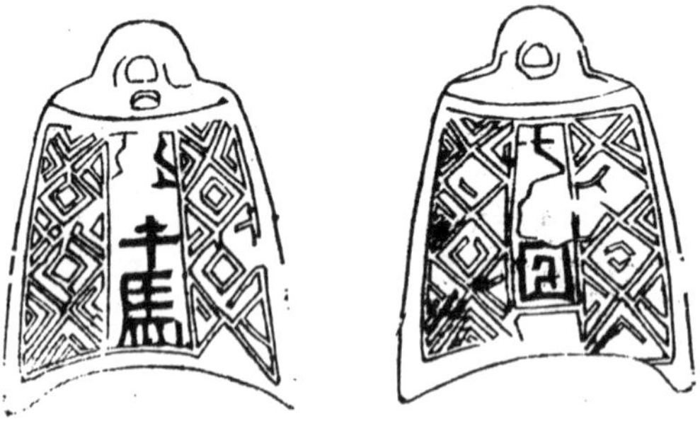

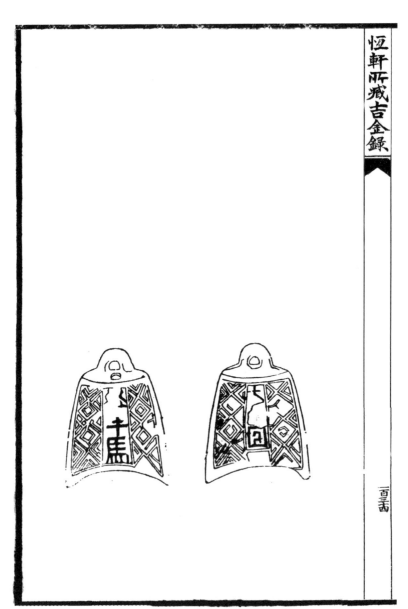